VICTOR AZEVEDO

HUMANAMENTE DEUS

UMA INTERPRETAÇÃO DO EVANGELHO E DA PESSOA DE JESUS PARA OS DIAS DE HOJE

CB125224

academia

Copyright © Victor Azevedo, 2023
Copyright © Editora Planeta do Brasil, 2023
Todos os direitos reservados.

Preparação: Fernanda Guerriero Antunes
Revisão: Carmen T. S. Costa e Valquíria Matiolli
Projeto gráfico e diagramação: Negrito Produção Editorial
Capa: Rafael Brum
Imagem de capa: Flashworks/iStock

A versão da Bíblia utilizada nas citações que compõem este livro é a Nova Versão Internacional (NVI). Disponível em: https://bibliaestudos.com/nvi/. Acesso em: 23 jan. 2023.

DADOS INTERNACIONAIS DE CATALOGAÇÃO NA PUBLICAÇÃO (CIP)
Angélica Ilacqua CRB-8/7057

Azevedo, Victor
Humanamente Deus: uma interpretação do Evangelho e da pessoa de Jesus para os dias de hoje / Victor Azevedo. – São Paulo : Planeta do Brasil, 2023.
144 p.

Bibliografia
ISBN 978-85-422-2343-9

1. Deus – Cristianismo 2. Religião 3. Fé I. Título

23-4349 CDD 211

Índice para catálogo sistemático:
1. Deus – Cristianismo

MISTO
Papel | Apoiando o manejo florestal responsável
FSC® C019498
FSC www.fsc.org

Ao escolher este livro, você está apoiando o manejo responsável das florestas do mundo

2023
Todos os direitos desta edição reservados à
Editora Planeta do Brasil Ltda.
Rua Bela Cintra, 986, 4º andar – Consolação
São Paulo – SP – 01415-002
www.planetadelivros.com.br
faleconosco@editoraplaneta.com.br

Editora Planeta Brasil 20 ANOS

Acreditamos nos livros

Este livro foi composto em Bembo Book MT Pro e impresso pela Geográfica para a Editora Planeta do Brasil em agosto de 2023.

Ao meu filho Pietro.
E a todas as pessoas que corajosamente seguem ao que é humanamente Deus,
a quem chamamos Jesus, o Nazareno.

Sumário

Prefácio

Durante muito tempo, quando alguém me perguntava sobre as pessoas que me inspiram, imediatamente pensava nos homens e mulheres mais velhos, mais experientes e mais vividos do que eu, uma espécie de pais e mães espirituais, cuja mentoria se dava pela densidade de sua história e de sua caminhada por longos anos. De uns tempos para cá, mudei a perspectiva. Quando alguém me pergunta quem me inspira, logo me vêm ao coração muitos pastores e pastoras mais jovens, corajosos e destemidos plantadores de igrejas, ávidos por aprender, crescer, amadurecer e multiplicar sua influência. Victor Azevedo está no topo da minha lista.

Conheço poucos com sua paixão por Jesus, dedicação ao Evangelho e responsabilidade pastoral pela Igreja. De sua geração, no horizonte dos meus relacionamentos, Victor é uma potência piedosa, que ousou repensar sua fé, ressignificar suas crenças, refazer seus caminhos, buscar novas redes de afetos e relações – o que geralmente acontece com quem experimenta uma metanoia, uma expansão de consciência. Dos raros talentos que certamente estão escrevendo uma bela página na história do evangelicalismo brasileiro, Victor é um presente de Deus para a igreja de Jesus, e para mim, em particular. Seu texto *Humanamente Deus*, que tenho o prazer de recomendar a você, registra em poucas páginas um processo de discernimento do Evangelho inserido na tradição da teologia do mundo chamado dos dois terços.

Para também nos ajudar a pensar a encarnação de Deus em Jesus, temos Fernando Altemeyer, com seu quadro comparativo das teologias produzidas na América Latina e na Europa.[1]

> Na América Latina, o ponto de partida é o rosto de Cristo transfigurado nos pobres. Na Europa, o

---

1. ALTEMEYER Jr., Fernando. Dos mistérios de ser Deus e homem. *O Estado de S. Paulo*, edição de 25 de março de 2007.

> ponto crucial é a transfiguração do Cristo na filosofia e no pensamento clássico. Na teologia latino-americana a preocupação é prática. Na Europa, é lógica. Na América Latina, a consciência histórica é um critério de seguimento de Jesus. Crer é seguir Jesus. Na Europa, o caminho de Jesus é objeto de investigação e critério para discernir entre o crer e o não crer. Crer é entender Jesus. Na América Latina, a pregação de Jesus sobre o Reinado de Deus é um contexto vital e mediação concreta para conhecer o Deus vivo e verdadeiro. O Reino revela o amor e a verdade. Na Europa, a proclamação da verdade é a fonte segura do fazer teologia. A verdade revela o amor e o Reino.

A mais interessante consideração de Altemeyer, entretanto, nos esclarece que:

> A Cristologia latino-americana vem de baixo para cima. Do histórico de Jesus ao ser de Jesus. Do ser de Jesus ao ser de Deus. É alinhada à escola teológica de Antioquia, ao pensamento dos primeiros evangelistas e a São João Crisóstomo. Fazer teologia muda a vida dos teólogos. Já a Cristologia europeia vem de cima para baixo. Do ser de Deus ao Cristo da fé. Do Cristo ao Jesus Ressuscitado. Do Ressuscitado ao crucificado. É alinhada

> aos pensadores alexandrinos, particularmente ao grande doutor Atanásio. A Cristologia latino-americana participa da esperança libertadora dos povos crucificados. É uma Cristologia ascendente, inspirada em textos clássicos dos aristotélicos e tomistas. A Cristologia europeia trabalha a encarnação do Verbo como manifestação salvífica de Deus. É uma Cristologia descendente, inspirada em textos clássicos dos platônicos e agostinianos.

A teologia produzida no chamado Primeiro Mundo, no eixo Europa-Estados Unidos da América do Norte, é de matriz filosófica metafísica, parte de cima para baixo, da ideia preconcebida de Deus para o Verbo que se fez carne. Nessa abordagem, o jeito certo de crer em Jesus seria fazendo caber nEle, o Nazareno, tudo quanto previamente sabemos a respeito de Deus. Pouca gente percebe a incoerência do processo: se é verdade que Jesus é a revelação final e autoritativa do Deus que começa a se revelar a Abraão e se derrama gradativamente na tradição de Israel, como podemos acreditar que sabíamos tudo a seu respeito mesmo antes de sua encarnação? Se o Filho é a imagem e a exata expressão do Deus (in)visível, como nos revela o Novo Testamento (Colossenses 1:15-19; Hebreus 1:3), não seria Ele, Jesus encarnado, o critério último para tudo o que pensamos e cremos a respeito do Deus bíblico?

A maioria das pessoas, ainda que intuitivamente, imagina saber a respeito de Deus e se dedica a verificar se Jesus se parece com aquilo já pressuposto e sabido. Mas o correto não seria exatamente o oposto, isto é, partir do Verbo encarnado em Jesus de Nazaré e então conferir se as ideias a respeito de Deus são autenticadas por Ele? Afinal, qual é o gabarito com o qual medimos a exatidão da revelação de Deus: o que sabemos a respeito dEle antes de Jesus, ou o próprio Jesus?

O teólogo espanhol José Maria Castillo percorre o mesmo percurso quando sugere acertadamente que "uma cristologia que não ensinasse nada de novo sobre Deus não poderia ser a cristologia que o Novo Testamento nos apresenta. Pois se algo é claro no Novo Testamento é que Jesus foi o revelador de Deus e a revelação de Deus". O dilema que está posto é saber "se é Deus quem nos ensina quem é Jesus ou, pelo contrário, é Jesus quem nos ensina quem é Deus", conclui o autor de *Jesus: a humanização de Deus*.[2]

O esforço em seguir de perto os passos de Jesus, ou, como diz o adágio judaico, "deixar-se cobrir pela poeira dos pés do seu rabino", para então receber a

2. CASTILLO, José Maria. *Jesus: a humanização de Deus*. Petrópolis: Vozes, 2015, p. 75.

revelação a respeito de *quem* e *como* é Deus, se mostra não apenas absolutamente bíblico, como também imprescindível para um Brasil cada vez mais evangélico em sua classificação religiosa sociológica, ao mesmo tempo cada vez menos identificado com o Evangelho. A expressão ou o nome "Deus" é todo abrangente e nele tudo cabe. Se a Bíblia, como dizem os teólogos, é a mãe das heresias, o(s) conceito(s) de Deus é(são) o pai. É verdade que você consegue justificar quase toda e qualquer aberração teológica citando versículos, bastando usá-los isoladamente e interpretá-los fora de seus múltiplos contextos. De igual maneira, em nome de Deus as maiores violências e atrocidades foram cometidas ao longo da história, e, infelizmente, continuam sendo praticadas. Você pode usar um versículo isolado para segregar, excluir e matar em nome de Deus. Mas não conseguirá fazer isso justificando seus atos na mensagem e na vida e obra de Jesus. Você pode ser senhor de escravo, adepto de uma supremacia racial, defensor de apedrejamento de pecadores em nome de Deus. Mas não pode fazer isso em nome do Deus revelado por Jesus e invocado por Ele como Pai. Você pode ser violento, misógino, racista e homofóbico usando textos isolados do Antigo Testamento. Mas não conseguirá fazer isso em nome de Jesus, que exigiu de seus seguidores que virassem a outra face quando agredidos, perdoassem e abençoassem seus perseguidores, reconheceu voz e vez às mulheres, e advertiu que pecadores que clamam por misericórdia vão embora de suas orações justificados, enquanto religiosos que acreditam em sua própria justiça permanecem vazios de Deus. Nem tudo o que se justifica com versículos bíblicos retirados de aqui e acolá é compatível com Jesus. Nem tudo o que se fala ou se faz em nome de Deus é compatível com Jesus. O que não combina com Jesus, o que não recebe o aval de Jesus, você deve descartar. Jesus, o Cristo, é o Alfa e o Ômega, o Princípio e o Fim. Jesus Cristo é o critério último de tudo. Jesus Cristo, e somente Jesus Cristo, é digno de toda a sua devoção e adoração, toda a sua entrega e consagração. Haverá um dia em que todo joelho de dobrará e toda língua confessará que Jesus Cristo é Senhor, e nesse dia o Deus por Ele revelado como Pai nosso receberá toda a glória que é devida ao Seu nome. Foi essa a revelação que transformou um jovem pregador popular em um dos pastores mais relevantes de sua geração. E, para chamar a nossa atenção para isso, ele também escreveu este livro, com o sugestivo nome *Humanamente Deus*.

Ed René Kivitz
Pastor, teólogo e escritor – outono de 2023

Introdução

"Vocês acham que nós, cristãos, devemos ler as notícias da nossa atualidade e interpretá-las segundo o que vemos em Jesus?" Essa pergunta foi feita por mim no meu Instagram há um tempo e uma resposta em especial chamou muito a minha atenção. A resposta em questão dizia o seguinte: "Com certeza, pois tenho plena convicção de que o maior medo dos 'pastores do mal' é a informação da realidade".

Tal afirmação prendeu o meu olhar, pois eu já fui essa pessoa. Talvez não um "pastor do mal" (se é que podemos chamá-los assim), mas um cristão acomodado na sua bolha de privilégios e confortos sociais. Alguém que preferiu ignorar a realidade do outro lado do vidro para abraçar as próprias crenças dentro de uma pseudorrealidade particular e egoísta – ou até mesmo ingênua, a depender do ponto de vista. Prefiro que seja ingênua [risos].

Não cresci em berço de ouro, mas soube encontrar o caminho até ele muito rápido. Consegui viver o que eu queria com facilidade, porém acreditava que, se eu consegui, todos também alcançariam seus objetivos, mas jamais sem esforço.

Aos 19 anos, comecei a pregar em muitas "grandes igrejas", o que me trouxe uma cúpula de "relações de elite" e uma situação financeira bem diferente da dos amigos que tinham a mesma idade que eu. Nunca cobrei um preço fixo para falar em eventos e congressos, mas as ofertas e generosidades sempre foram ótimas. Ali, de dentro dessa cúpula, me relacionando com aqueles que eu considerava importantes e ganhando um bom dinheiro enquanto cumpria a minha vocação – que é pregar o Evangelho e ensinar às pessoas o caminho de Jesus –, fui me enclausurando cada vez mais. E aos poucos, achando que o mundo era só aquilo que eu via, perdi a noção da realidade, passando a andar como quem flutua nas nuvens. Ironicamente, o real caminho de Jesus sobre o qual eu tanto falava sumiu das minhas vistas.

O maior problema é que quem tira os pés da realidade acaba sempre caindo no vale da ilusão. E lá eu me lancei. Iludido, de maneira inconsciente, acreditava que o público para o qual eu falava nos auditórios tinha a mesma vida que eu; se não tinha, poderia alcançar, caso as mesmas práticas adotadas por mim também fossem seguidas. Porém, só pensa assim quem tem o privilégio da escolha, sem muitas vezes nem reconhecer os privilégios que a vida lhe proporciona. A gente acaba entrando num neoliberalismo da fé, em que tratamos todos como se tivessem as mesmas chances diante da vida.

Por muito tempo eu me mantive assim, cego, dentro de uma espiritualidade que permanece de olhos fechados, que não compreende que só contribuímos na manifestação do Reino de Deus aqui e agora, de fato, ao viver de olhos bem abertos para enxergar que a nossa realidade não define a realidade do mundo, e que a realidade do mundo atual não é o desejo de Deus, temos muito a construir e transformar.

Por sorte, aprendi que quem tem essa visão desconsidera a subjetividade pessoal do ser humano, o contexto social em que ele vive – além de ser, em última (ou primeira) instância, uma forma de desmerecer a multiforme graça de Deus e Sua sabedoria em usar os "fracos" para confundir os "fortes".

Pude me deparar bruscamente com essa situação durante a pandemia, quando me dediquei por completo à nossa igreja local. Afinal, no chamado ministério itinerante, passamos por muitas cidades e subimos em centenas de palcos, mas pouco entendemos do coração das pessoas. Todos nos conhecem, mas nós mal sabemos o nome de quem nos levou até lá.

Contudo, inserido no dia a dia de uma comunidade, ouvindo dos meus irmãos e irmãs – que agora têm um nome para mim – seus medos, traumas, suas histórias, dores, visões de mundo e de Deus, posso dizer que fui salvo mais uma vez. Salvo da ideia de que o universo gira em torno de mim e do que eu acho, ou então de acreditar que "estar em Cristo" é ser imune ao sofrimento desta vida e ao mesmo tempo força competitiva diante da vida.

Precisamos sair da nossa bolha pessoal – ou, ainda, bolha "evangélica" – para enxergar que somos afetados e influenciados pela estrutura da sociedade que nos cerca, a qual pode nos oprimir ou nos privilegiar o tempo todo. Se, por exemplo, eu tivesse nascido em qualquer outro lugar, sendo a mesma pessoa que sou aqui no Brasil, com os mesmos dons e talentos que tenho, será que ainda assim estaria fazendo a mesma coisa? Teria a mesma conta bancária, o mesmo lugar de fala, o mesmo reconhecimento? Infelizmente, penso que não.

A realidade é complexa e, por isso, muitas vezes evitada a todo custo dentro de um ambiente considerado "celestial". Grafei o termo entre aspas de propósito, por me referir a uma ilusão de céu, uma vez que um céu que abafa a realidade decerto não comporta a grandeza do Deus que, podendo ficar para sempre assentado e intocável em seu trono com as ruas de ouro sob os seus pés, escolheu se fazer um homem pobre e desprovido de características físicas que à época eram consideradas belas.

Quando pensei em escrever este livro, meu intuito foi compartilhar um pouco da minha experiência e da progressão da minha consciência sobre o Evangelho e a pessoa de Jesus, a fim de trazer luz à alma do leitor e ajudar a compreender que o verdadeiro caminho espiritual não é uma escalada ao topo, mas um inclinar-se ao chão para encarnar a história de um Deus que nasceu em uma manjedoura, comeu com pecadores, suou sangue e morreu nu e humilhado.

Jesus, aquele que é ao mesmo tempo filho de Deus e filho do homem, está sempre com os pés na realidade para nos lembrar de que divindade e realidade não se opõem ou se contrariam, mas se fundem na verdadeira espiritualidade que nos ensina a viver, sacudindo a poeira da ponte entre a miséria e a glória.

Meu desejo, portanto, é que estas páginas possam sacudir também as suas certezas e convicções e te trazer mais perguntas do que respostas. Afinal, a verdadeira maturidade cristã está em conseguir questionar as próprias crenças em paz, tendo em mente que a fé independe de alcançar todas as explicações, pois os humildes de coração não almejam saber tudo, mas estão sempre dispostos a continuar aprendendo e reaprendendo o tempo todo.

Quem tira os pés da realidade acaba sempre caindo no vale da ilusão.

I

Que deus é “por nós”?

Sem dúvidas, o versículo que mais teve êxito em se tornar um dos bordões preferidos dos cristãos ao redor do mundo é: "[...] Se Deus é por nós, quem será contra nós?" (Romanos 8:31).

O grande problema é que essa frase se transformou em uma espécie de amuleto da sorte utilizado em diversos contextos e cenários absurdos e estranhos ao Evangelho. Em especial, naquele que entende que, "se Deus é por nós" – compreendendo o "nós" como o próprio grupo de pertencimento, pensamentos e crenças –, decerto Ele deve ser contra todos os outros: isto é, os que não compartilham desse mesmo grupo de pertencimento.

Dessa forma, em muitos momentos, esse "Deus é por nós" acaba se tornando fonte de uma espécie de segregação em que aparentemente o Pai está a favor de alguns e em detrimento de outros; advogando pela causa de A e rejeitando a de B. Quando pensamos na experiência do caráter de Deus, porém, existem algumas ideias e concepções que não podem ser misturadas de forma alguma.

Na Química, é sabido que alguns produtos não devem ser misturados a outros por questões de incompatibilidade, podendo até mesmo provocar reações inesperadas e fatalidades. Quando falamos de Deus, isso também acontece, pois existem pensamentos a respeito do Criador que são incompatíveis entre si. Vou citar um exemplo: se acreditamos que Deus é graça, amor, misericórdia e luz, não há como julgar que esse mesmo Deus é segregador, opressor e controlador. É impossível alguém ser todo amor e, ao mesmo tempo, opressor e excludente. Trata-se de uma ideia extremamente incompatível. No entanto, de modo lamentável, muitos em nosso meio têm feito essa mistura, e a reação disso é fatal.

Em um texto bíblico, quando lemos a letra apenas pela letra, com o propósito de caracterizar o Criador com base em tudo o que há ali, a imagem dessa construção literal e absoluta decerto não representa o Deus do Evangelho. Afinal, existe versículo bíblico para tudo: tanto para incluir quanto para excluir; tanto para perdoar quanto para condenar; tanto para matar quanto para salvar.

Sinceramente? Não importa do que precisemos, tem versículo para o que quisermos dizer e em que acreditar hoje em dia. E é por isso que mais de 5 mil religiões leem a mesma Bíblia, mas professam a fé de uma forma diferente.

Conforme escreveu Brian Zahnd, em seu blog, é necessário entender que:

> João Batista foi enviado por Deus, mas João não era Deus. João deu testemunho da Palavra, mas João não era a Palavra. João foi inspirado por Deus, mas João não era a encarnação de Deus. É assim que devemos entender a relação entre a Bíblia e a revelação de Deus em Cristo. A Bíblia é enviada por Deus e inspirada por Deus, mas a Bíblia não é Deus. A Santíssima Trindade é Pai,

> Filho e Espírito Santo – não Pai, Filho e Bíblia Sagrada. João Batista e a Bíblia desempenham papéis semelhantes em relação ao Logos eterno que é Cristo. Podemos dizer assim: "Houve um livro enviado por Deus, cujo nome era Bíblia. Veio como uma testemunha da luz, para que todos pudessem acreditar nela". A Bíblia testifica por meio de João Batista: João dá testemunho dele. Ele exclama: "Este é aquele de quem eu falei: Aquele que vem depois de mim é superior a mim, porque já existia antes de mim" (João 1:15). Esta não é uma visão inferior das Escrituras, mas uma visão elevada de Cristo.

Não podemos acreditar, portanto, que é possível montar uma caricatura de Deus com tudo o que lemos sem que ela passe pelo filtro da Sua expressão mais exata e real: Jesus, de Nazaré. Do contrário, veremos o mosaico de um ser inconsistente e inconstante, diante do qual não saberemos como nos posicionar: se com medo ou com coragem; se convictos de que Ele é por nós ou se é contra nós; se confiantes de que nos ama e nos abençoará ou se pesará a mão sobre nós.

Não sabemos o que esperar perante toda essa mistura incompatível que fizemos e chamamos de

"Deus", pois a verdade é que tais contradições impossibilitam uma identidade real e confiável.

Em primeiro lugar, lembre-se de que o Deus do Evangelho não é um monstro de Frankenstein formado por todos os recortes das Escrituras sem filtro ou critério algum. Isso fica muito mais fácil de se compreender quando temos em mente que a narrativa bíblica não foi elaborada de acordo com o que Deus fala sobre si mesmo, mas é o reflexo da percepção humana a respeito dEle. E é por isso que em diversos momentos encontramos relatos distintos acerca de quem é o Criador e o que Ele faz, da mesma forma que teremos uma definição plural e até contraditória de qualquer outra coisa, se perguntarmos a pessoas diferentes.

Quer um exemplo? Imagine que você faça uma pesquisa com vinte indivíduos solicitando que informem o que pensam a respeito de determinada flor nunca vista antes. Alguns dirão que é como uma rosa; outros, que se parece com um girassol. Entre as respostas, você obterá termos como: grande ou pequena; vermelha ou branca; tem espinhos ou não os tem. Há participantes que poderão defini-la como carnívora e do mal, pois, por não ser concreta, ela pode, sim, ser tudo isso.

No entanto, a partir do momento em que você lhes apresentar essa flor, revelando suas pétalas, seu cheiro e sua real aparência, todas as outras definições que não sejam fiéis ao que se pode ver nela precisam dar espaço para a verdade.

O mesmo acontece com Deus. Nas Escrituras, há vários relatos que O definem como tendo ou não espinhos, ordenando a morte ou promovendo a vida, sendo amoroso ou vingativo... Contudo, quando Jesus Cristo aparece na narrativa, Deus toma forma, e todos os demais conceitos que não se enquadrem nessa revelação não devem mais fazer parte da nossa fé cristã.

Antes mesmo de Jesus, ao longo da história e das doses de manifestação dessa revelação plenamente apresentada nEle, houve uma evolução da consciência humana e da percepção sobre Deus. No Primeiro Testamento, há passagens relatando sacrifícios oferecidos a Ele como se esse fosse o Seu desejo. Um tempo depois, porém, nos livros dos profetas, a ideia é contrária a essa. Por exemplo, em Oseias 6:6, lemos o seguinte: "Pois desejo misericórdia, não sacrifícios, e conhecimento de Deus em vez de holocaustos".

E a verdade é que Deus continua sendo toda graça e todo amor, independentemente da ideia que temos a Seu respeito. No entanto, a forma como escolhemos crer nEle e a maneira como O vemos mudam a nossa compreensão do mundo e das pessoas.

Isso nos demonstra que, conforme os relatos bíblicos nos revelam, a história está sempre caminhando para a frente. Além disso, a percepção humana sobre Deus progride, avança e na pessoa de Jesus de Nazaré tem o seu ápice, de acordo com o texto de Colossenses 2:9: "Pois em Cristo habita corporalmente toda a plenitude da divindade".

Assim sendo, tudo aquilo que a humanidade acreditava ser verdade a respeito de Deus que não obtém respaldo em Jesus deve ser revisado.

O principal questionamento que devemos nos fazer diante de tudo isso é: "Que deus é por nós? Qual é nossa percepção sobre ele?". É muito diferente pensar que o Deus que é por nós é essa caricatura irreal e cheia de colagens que projetamos com base em concepções humanas incompletas, que derrotará nossos inimigos, fará cair fogo do céu e nos favorecerá em detrimento dos outros – ou seja, que o poder estará a nosso favor. Ao contrário, o Deus por nós é amoroso e humilde, revelado em Jesus, e que em vez de matar escolheu morrer.

E não se engane! Com isso, não estou afirmando que Deus não é poderoso. Ele é! Mas, mais do que poderoso, Ele é amor poderoso. Tudo que

Então, pergunte a si mesmo:
"Como eu tenho escolhido
traduzir Deus para minha vida?
Quais óculos eu uso
para enxergá-Lo?".

Deus é e faz passa por Sua essência amorosa. Por essa razão, em vez de pensarmos que ter Deus ao nosso lado é obter o poder como nosso aliado, descobrimos que o amor, portanto, passa a ser nosso companheiro.

E a verdade é que Deus continua sendo toda graça e todo amor, independentemente da ideia que temos a Seu respeito. No entanto, a forma como escolhemos crer nEle e a maneira como O vemos mudam a nossa compreensão do mundo e das pessoas.

Então, pergunte a si mesmo: "Como eu tenho escolhido traduzir Deus para minha vida? Quais óculos eu uso para enxergá-Lo?".

Sabendo que o Deus do Evangelho revelado em Jesus de Nazaré é essencialmente amor, talvez um dos textos mais fiéis que temos para defini-Lo é o que encontramos nas palavras do apóstolo Paulo em 1 Coríntios 13:4-6:

> O amor é paciente, o amor é bondoso. Não inveja, não se vangloria, não se orgulha. Não maltrata, não procura seus interesses, não se ira

Troque a palavra "amor"
por "Deus" e você terá
uma boa biografia.

> facilmente, não guarda rancor. O amor não se alegra com a injustiça, mas se alegra com a verdade.

Troque a palavra "amor" por "Deus" e você terá uma boa biografia. Deus é paciente; então, a paciência é para com a gente. Deus é bondoso, e a Sua bondade está voltada em nossa direção. Deus não maltrata, não se ira facilmente, não guarda rancor, e tudo isso em nosso favor! Ele não se alegra com a injustiça, mas com a verdade, e a Sua verdade está expressa no manso e humilde nazareno... Esse é o deus que é por nós.

II

Um Deus muito humano

Um místico disse certa vez:

> Como vemos Deus é um reflexo direto de como nos vemos; nós não vemos as coisas como elas são, nós as vemos como nós somos. Se Deus traz à mente na maioria das vezes medo e culpa, significa que há muito medo e culpa dentro de nós. E se nós vemos Deus pleno de amor e compaixão, assim nos vemos também.

Não consigo pensar em uma forma melhor de iniciar este capítulo do que com esta verdade: nós vemos a Deus da maneira como nos enxergamos.

Contudo, a recíproca é verdadeira e transformadora: de igual modo, a maneira como vemos a Deus pode transformar por completo a visão que temos de nós mesmos, dos outros e do mundo ao nosso redor.

Precisamos, portanto, saber quem é, para nós, o Deus a quem seguimos. Para isso, olharemos fixamente para Jesus como o retrato mais real da divindade e, ao mesmo tempo, da perfeita humanidade.

> Há muito tempo Deus falou muitas vezes e de várias maneiras aos nossos antepassados por meio dos profetas, mas nestes últimos dias falou-nos por meio do Filho, a quem constituiu herdeiro de todas as coisas e por meio de quem fez o universo. O Filho é o resplendor da glória de Deus e a expressão exata do seu ser, sustentando todas as coisas por sua palavra poderosa. Depois de ter realizado a purificação dos pecados, ele se assentou à direita da Majestade nas alturas (Hebreus 1:1-3).

Entre tantos propósitos que poderíamos imaginar para justificar por que Deus se fizera carne e pisara em nosso mundo sob o nome de "Jesus de Nazaré", precisamos compreender que o maior deles, certamente, era revelar a verdadeira face do Pai e trazer ao conhecimento humano a expressão exata de quem Ele é.

Jesus não é só um acontecimento no meio da história humana, mas o ápice da história, por nos mostrar o que nós, seres humanos, podemos nos tornar e ao mesmo tempo relevar quem Deus é.

Em *A república*, Platão disse séculos antes que: "O dia que um homem justo nascer, certamente irão matá-lo".[1] E foi o que aconteceu! Deus se fez carne e habitou entre nós. Não há nada mais sublime, bonito ou poderoso na nossa fé do que essa boa notícia: Deus se fez carne! No entanto, nós O matamos – assunto sobre o qual falaremos mais adiante.

Quando Jesus entra na história e caminha entre nós, porém, Ele não vem simplesmente para dizer que Deus existe e está conosco. É claro que ter essa informação é maravilhoso, mas isso é algo que não só a tradição de Israel já fazia muito bem

---

1. PLATÃO. *A república*. Rio de Janeiro: Nova Fronteira, 2018.

Assim, quem vê Jesus,
vê a Deus.

mas também todos os profetas ao afirmarem que em todas as nações da Terra, antes mesmo da Sua encarnação, Deus já era visto, percebido e experienciado.

A própria criação já é um encarnar do Criador. Então, o que percebemos é que Jesus vem para fazer algo que mais ninguém poderia fazer: revelar a perfeita imagem do Pai e tirar toda nuvem ou sombra que existia entre nós e a nossa concepção sobre Ele. Em Jesus, podemos enxergar nitidamente como Deus é e como Ele se move. Assim, quem vê Jesus, vê a Deus.

> Disse-lhe Tomé: "Senhor, não sabemos para onde vais; como então podemos saber o caminho?". Respondeu Jesus: "Eu sou o caminho, a verdade e a vida. Ninguém vem ao Pai, a não ser por mim. Se vocês realmente me conhecessem, conheceriam também o meu Pai. Já agora vocês o conhecem e o têm visto". Disse Filipe: "Senhor, mostra-nos o Pai, e isso nos basta". Jesus respondeu: "Você não me conhece, Filipe, mesmo depois de eu ter estado com vocês durante tanto tempo? *Quem me vê, vê o Pai.* [...]" (João 14:5-9, grifos do autor).

A fé cristã não denomina "deus" um conceito que é uma força maior ou uma inspiração; na nossa fé, Deus é uma pessoa que tem nome na história, e o nome dEle é Jesus de Nazaré. Nas palavras de Karl Barth, "Deus é o mistério inefável", porém, enquanto estivermos neste mundo, o que podemos conhecer sobre Ele está manifesto no simples e profundo homem nazareno.

Decerto, isso não significa que em Jesus cabe o todo desse "mistério", pois, assim como não é possível armazenar um oceano em um balde, não podemos comportar a grandeza e a transcendência de tudo aquilo que Deus é. No entanto, o que a mente e o coração humano podem perceber sobre Deus está em Jesus de Nazaré.

Brian Zahnd, mais uma vez em seu blog, diz o seguinte: "Deus sempre foi como Jesus; houve o tempo em que não sabíamos disso, mas agora sabemos: Deus é e sempre foi como Jesus". Ou seja, Ele nunca foi outra coisa; fomos nós que antes não conseguíamos enxergá-lo, mas agora conseguimos.

Segundo a tradição cristã, Deus fez o ser humano à Sua imagem e semelhança para que fizesse na Terra o que Ele faria. Entre outras coisas, carregar a imagem divina implica termos "livre vontade", e é por meio dessa liberdade, inclusive, que surge a possibilidade de existir uma vontade que "contraria" a vontade de Deus, desencadeando um possível conflito de vontades.

Para compreender melhor essa realidade, pense num pai criando seus filhos. Não há como fazê-lo sem amor, impedindo-os de ser quem são e de escolher o que desejam fazer com a própria vida. O contrário disso consistiria em uma criação autoritária e ditadora, que se afasta nitidamente da essência do amor. No entanto, criá-los em liberdade gera a possibilidade de que, dotados de personalidades e vontades próprias, eles optem por algo que o pai não escolheria ou com o que não concordaria.

Apesar de nos soar arriscado, isso é extremamente belo, posto que torna os filhos também responsáveis por aquilo que carregam e escolhem produzir no mundo. Da mesma forma, nós, como criação divina, reflexos da imagem de Deus, carregamos Sua essência e podemos multiplicá-la à nossa volta por meio de nossa liberdade.

Isso me lembra da chamada "Oração das Nações Unidas", que se tornou conhecida em um discurso do ex-presidente dos Estados Unidos Franklin D. Roosevelt e em registro atribuído ao escritor americano vencedor do Pulitzer Stephen Vincent Benét (1898-1943):

> Senhor, a nossa Terra é apenas um pequeno astro no grande espaço sideral. Depende de nós transformá-la em um planeta cujas criaturas não sejam maltratadas por guerras, torturadas pela fome e o medo, dilaceradas por uma separação sem sentido por raças, cores ou ideologias. Dai-nos a coragem e a previsibilidade para começar ainda hoje com esta obra, para que os nossos filhos e netos um dia carreguem o nome Humanos com orgulho.

Perceba a beleza disto: a imagem de Deus em nós nos dá a condição de fazermos deste astro um planeta. A imagem de Deus em nós nos faz livres para pintar um mundo que traga para a nossa descendência o orgulho de carregar o nome da humanidade. No entanto, essa mesma liberdade permite que nos desviemos da rota e escolhamos seguir por outro caminho.

Assim, quando o ser humano opta por vontades divergentes da vontade divina – ou seja, escolhe seguir o próprio caminho –, a fim de alimentá-las, ele começa a fabricar deuses que fazem as coisas do jeito que ele mesmo gostaria de fazer, formando-os à sua maneira de enxergar. Como disse Blaise Pascal: "Deus fez o homem à sua imagem e semelhança, e o homem retribuiu a gentileza".[2] E assim se criou a realidade instaurada neste mundo fraturado, separado da imagem perfeita de quem Deus é e do que seu coração almeja.

Quando utilizamos e sujeitamos a liberdade que veio do amor ao governo do nosso ego, nos alienamos de Deus e caímos na ilusão de pintar para nós a ideia de "deuses pessoais", os quais, na verdade, só refletem o desejo do nosso coração caído. Então, se eu quero matar, vou construir um deus que mata; se quero ser ganancioso, vou construir um deus que é ganancioso; se quero ser favoritista, vou construir um deus que é favoritista; se quero ser vingativo, vou construir um deus que é vingativo; e assim por diante.

---

2. PASCAL, Blaise. *Pensamentos*. São Paulo: Montecristo Editora, 2021.

É isso que vemos acontecendo com frequência em nossos dias. E se definir como "evangélico" já não significa nada, pois dentro do mesmo rótulo existem diversas vertentes e pensamentos conflitantes. Por isso, mesmo a afirmação de "Ah, eu creio em Deus" deve ser sempre questionada por: "Ok, mas em que Deus você crê?". Isso porque, às vezes, o "deus" que você pintou para projetar a própria imagem está muito distante do Deus do Evangelho revelado em Jesus, e muito distante Daquele em quem eu creio.

Se perguntássemos a um ateu o seguinte: "Em que deus você não acredita?", provavelmente nós, que conhecemos o Deus revelado em Jesus, responderíamos a mesma coisa. Existem muitos deuses criados pelo ser humano com base nas próprias demandas a quem eu também não entregaria a minha fé e confiança.

Eu sou ateu desse "deus" que mata, pune e envia uma pandemia mundial para testar as pessoas. Eu sou ateu desse "deus" que segrega, que só ama o politicamente correto e não abraça o marginalizado. Eu sou ateu de todos esses deuses que pintam e bordam por aí, mas que eu nunca encontrei em Jesus de Nazaré, no Deus encarnado que veio ao encontro da Sua criação para revelar o Seu amor.

Em Jesus, somos salvos do engano de pintar a caricatura de um deus que mais se parece um ídolo – que tem boca, mas não fala; que tem olhos, mas não vê; que tem mãos, mas não toca – do que o Deus vivo, generoso e benevolente, criador deste universo lindo, em que tudo está conectado e tudo importa.

Quando Jesus aparece na história humana, portanto, Ele não só vem nos mostrar a face de Deus, como também vem nos salvar dessa realidade enganosa em que a humanidade coloca no nome e na conta do Criador coisas que Ele não é, não faz e que repudia. Muito além de algo simplesmente místico ou distante da nossa compreensão, o que Jesus produz é uma verdadeira revolução contra a idolatria existente em nosso mundo.

Nas palavras de Calvino: "O coração humano é uma eterna fábrica de ídolos".[3] É por isso que,

---

3. CALVINO, João. *A instituição da religião cristã*, Tomo 1: Livros I e II. São Paulo: Editora Unesp, 2009.

quando olhamos para a história, há tantos momentos em que as pessoas agem e falam em nome de "Deus" e a favor do racismo, Hitler tem apoio da Igreja – além de outras inúmeras situações absurdas distantes do caráter do Deus do Evangelho, sendo consideradas e rotuladas como "planos de suas mãos".

Por muito tempo, temos encaixado Jesus nas nossas ideologias em vez de seguirmos o Caminho dEle e nos deixarmos transformar na jornada. É isso que o autor de Hebreus 1:1-2 nos diz: "Olha, Deus falou com os nossos pais de diversas formas, por meio dos profetas e tudo mais, mas, nesse último tempo, Ele tem nos falado *por meio do Filho, que é a expressão exata da sua pessoa*" (grifos do autor).

Tem muitas pessoas que, quando abrem a Bíblia, principalmente o Primeiro Testamento, veem coisas horríveis sendo atribuídas a Deus – como assassinatos, vingança, maus-tratos, discriminação, machismo. Isso as faz entrar em uma confusão gigante, já que não conseguem compreender como esse mesmo "Deus" faz tudo isso e depois diz que nos ama. É como se fossem dois deuses contraditórios e diferentes.

Penso que não há nada de errado com os relatos bíblicos, desde que estejamos cientes de que, como um livro escrito pelo ser humano, eles são, na verdade, uma progressividade das percepções de seus autores a respeito de Deus.

Até Jesus encarnar, o que a Bíblia nos mostra é o que o ser humano enxergava e percebia pelas próprias experiências. Jesus, porém, não é apenas mais um tipo de homem experimentando Deus, Ele é a encarnação do próprio Deus, que é o mesmo ontem, hoje e para sempre, sem se encaixar na lógica dos ídolos, das barganhas, dos sacrifícios e templos sagrados. Trata-se de um Deus mais acessível, plural, diverso, próximo e relacional do que imaginamos, e Ele sempre foi assim.

Vi C. S. Lewis afirmar em um programa que uma das influências significativas para o seu processo de se render à fé cristã é o fato de que Jesus não poderia ter sido uma história inventada pela humanidade, pois ela jamais inventaria um Deus que morre, serve, não se vinga, perdoa e abençoa o bom e o mau. O ser humano não teria capacidade para tal invenção; esta, portanto, só poderia ser uma ideia divina. Como escreveu Leonardo Boff, em um artigo dele que li: "Humano assim como Jesus só Deus mesmo".[4]

Jesus não é Deus por ser o todo-poderoso. "Ah, você consegue matar mil pessoas ao mesmo tempo, mas eu mato 1 milhão! Toma aí o coronavírus!" Não, Jesus não é Deus por isso. Ele é Deus porque não existe na história humana um deus semelhante a Ele. O Deus do Evangelho é sem precedentes!

E enquanto Ele estava lá, no pior momento de sua passagem humana, pendurado em uma cruz, nu, todo ensanguentado, arrebentado, chicoteado, os soldados romanos à sua volta, unidos em zombaria, ainda questionavam: "Ué, você não é o Cristo?". Tipo assim: "Ô Deus, você não pode salvar nem a si mesmo?". Porque, para o sistema do mundo, para a lógica daquele governo caído, soberbo, egoísta, imperialista, um Deus que pode se salvar, se salva; e um Deus que pode escolher entre matar e morrer, mata.

---

4. BOFF, Leonardo. *Humano assim como Jesus só Deus mesmo*. Disponível em: https://leonardoboff.org/2017/12/22/humano-assim-como-jesus-so-deus-mesmo/. Acesso em: 28 mar. 2023.

No entanto, Jesus não vem por essa lógica: Ele vem para nos mostrar que Sua maior força está naquilo que o sistema do mundo geralmente considera fraqueza. É por isso que, quando João olha para Ele e pergunta: "Jesus, você quer que a gente faça como Elias e mande cair fogo do céu nessa cidade que não te recebeu bem?", Jesus lhes respondeu: "[...] Vocês não sabem de que espécie de Espírito são [...]" (Lucas 9:55). Em outras palavras, Ele estava dizendo: "Vocês não sabem que eu não vim para matar, mas para trazer vida?".

Como nos ensina Brian Zahnd, em um de seus muitos textos, Jesus não é da ordem dos heróis, pois o herói tem lado e, se preciso, mata o outro para salvar os Seus; Jesus é da ordem dos santos, que entrega a Si mesmo para unir todos os lados em Seu amor.

> Mas agora, em Cristo Jesus, vocês, que antes estavam longe, foram aproximados mediante o sangue de Cristo. Pois ele é a nossa paz, *o qual de ambos fez um e destruiu a barreira, o muro de inimizade*, anulando em seu corpo a lei dos mandamentos expressa em ordenanças. *O objetivo dele era criar em si mesmo, dos dois, um novo homem,*

> *fazendo a paz, e reconciliar com Deus os dois em um corpo, por meio da cruz, pela qual ele destruiu a inimizade* (Efésios 2:13-16, grifos do autor).

Ouvi de uma psicóloga americana que a melhor forma de consolar alguém que está passando por um momento difícil é dizer: "Eu sei o que é sentir isso, eu também já senti!". Segundo essa psicóloga, colocar-se no lugar do outro com empatia é a experiência mais profunda de senso de pertencimento e acolhimento que a humanidade pode experimentar.

Diante disso, eu queria lembrar a você que o nosso Deus, o Deus do Evangelho, é o Deus que pode dizer "eu também". Em momentos de agonia, ansiedade e medo, portanto, Ele pode olhar para você e dizer: "Ei, eu sei o que é isso". Esse é o nosso Deus. Não o que determina e se alegra com o sofrimento, mas o que, por amor, se fez carne para passar, sentir e experimentar tudo o que passamos.

O próprio autor de Hebreus (4:14-16) afirma que Jesus, o nosso sumo sacerdote, se compadece de nós porque também passou por todo tipo de provação. Tudo aquilo que nós sofremos Ele sofreu; todos os tipos de sentimentos Ele teve.

O nosso Deus, o Deus
do Evangelho, é o Deus que
pode dizer "eu também".

Por isso, Ele pode nos consolar: "Você não está só. Eu também senti isso".

O mundo vai olhar para esse Deus e dizer: "Um Deus que sente? Esse Deus é fraco!". Pois é, mas a fraqueza de Deus revela a sabedoria poderosa de Sua força. Ele não é forte porque impõe a própria vontade; Ele é forte porque, podendo impor a Sua vontade, escolhe a liberdade, o amor, o perdão, a generosidade, a servidão. Escolhe esse caminho, e é ali, onde ninguém imaginaria, que está a Sua verdadeira força.

O Cristo que foi crucificado não crucifica; o Cristo que foi condenado não condena. O nosso Deus abraça e se identifica com a gente, mesmo no nosso sofrimento e na nossa dor, porque Ele tem boca e fala, tem olhos e vê, tem mãos e toca, tem coração e sente. E em Jesus nós vemos essa sabedoria expressa de Deus, que para o mundo é fraqueza, mas para nós é a manifestação do Seu amor!

Paulo, em sua experiência, insiste: "Deus, arranca de mim esse espinho, tira de mim essa fraqueza. Deus, você tem força para isso, você pode fazer isso!". No entanto, Deus olha para ele e responde: "Minha graça é suficiente para você, pois o meu poder se aperfeiçoa na fraqueza [...]" (2 Coríntios 12:9).

Então, diante disso, ele escreve: "Por isso, por amor de Cristo, regozijo-me nas fraquezas, nos insultos, nas necessidades, nas perseguições, nas angústias. Pois, quando sou fraco é que sou forte" (2 Coríntios 12:10).

Essa ideia de um Deus imperador, que coloca todo mundo para se ajoelhar na Sua presença e faz Seu nome ser temível, com uma coroa gigante na cabeça, não me parece muito com o Deus que nasceu numa manjedoura em Nazaré e que, podendo ter os melhores cavalos, andava em um jumentinho; que, podendo caminhar entre os reis e os nobres, comia com os marginalizados, pobres e "pecadores".

Leonardo Boff mais uma vez nos agraciou com suas palavras ao afirmar: "Todo menino quer ser homem. Todo homem quer ser rei. Todo rei quer ser Deus. Só Deus quis ser menino".[5]

---

5. BOFF, Leonardo. *Natal: os Herodes de ontem, de hoje e a Divina Criança*. Disponível em: https://leonardoboff.org/2021/12/20/natal-os-herodes-de-ontem-de-hoje-e-a-divina-crianca/. Acesso em: 28 mar. 2023.

Por isso, toda ideia que você já projetou de Deus na sua vida e que não combina com esse Deus nu, simples e humilde, entregue por amor a Sua criação, deve ser revisada ou, se preciso, até descartada. Pois, para viver a experiência do Evangelho e entender como esse Deus o enxerga e lida com o mundo e a vida à sua volta, é necessário fazer esse caminho de reflexão: quais são as minhas ideias sobre Deus que, ao serem colocadas ao lado da cena da cruz, continuariam existindo?

A gente acaba vivendo por aquilo em que acreditamos, independentemente de ser ou não verdade. Conseguimos perceber isso pela avalanche digital de notícias falsas, as famosas fake news, que nos impactam. E o resultado é que muitas pessoas vivem essas notícias como se fossem verdades, mesmo sabendo serem falsas, inclusive organizando suas vidas a partir delas. Viveremos pelo que acreditamos. Fato. E, sim, nossas ideias sobre Deus influenciam nossa forma de relação com a vida de maneira integral. Fazer esse caminho de reflexão é vital para a saúde da nossa fé e também para a saúde de nossas relações.

O que não for encontrado em Jesus, jogue fora, sem medo. E tenha coragem de se perguntar:

nós é que criamos essa versão de um Deus que só é real na nossa imaginação e no nosso desejo? Ou Ele é o que Jesus veio revelar como sendo nosso Pai? Estou usando versículos bíblicos isolados só para respaldar meu ódio, meu preconceito? Ou estou aprendendo a olhar para os versículos a partir de Jesus?

Que eu e você, portanto, possamos jogar fora as nossas projeções egoístas e arrogantes sobre Deus, e que encontremos lugar na fraqueza de Deus e na Sua encarnação, que é a revelação mais doce do Seu amor e misericórdia.

Lembre-se: "deus" é um conceito e pode ser um título dado a inúmeras projeções, mas o nosso Deus, o Deus do Evangelho, tem nome na história, e esse nome é Jesus de Nazaré.

III

Jesus de Nazaré

Jesus vivia com as pessoas. Essa é a cristologia que os apóstolos aprenderam.[1] Por muito tempo, em nossa fé cristã, convivemos com a ideia de um Deus que apenas queria nos levar ao céu. Assim, pouco importava o que se passava aqui na Terra, uma vez que nossa vida terrena era reduzida ao *status* de um mero limbo existencial. Além disso, a morte – ou a volta de Jesus – representaria o grande momento que nos levaria, por fim, ao lugar para o qual fomos feitos. Como se este mundo fosse apenas uma antessala do que importa.

---

1. CASTILLO, José M. *A humanidade de Jesus*. Petrópolis: Vozes, 2017.

Hoje, mais do que nunca, percebo que esse discurso é fruto de uma alienação de consciência, de pessoas que, dentro de suas bolhas, preferem se acomodar à situação do mundo como ele está justificando a si mesmas que ele não é nosso lugar e, portanto, não merece nossa atenção. No entanto, curiosamente, a maioria delas só se acomoda a essa ideia porque o mundo como está é confortável para elas.

Como bem expressou Edith, personagem vivida por Susan Wokoma no filme *Enola Holmes*:[2] "Você não sabe o que é não ter poder. Não se interessa por política, porque não tem interesse em mudar um mundo que o favorece tanto".

Comprovei essa realidade pessoalmente há alguns dias. Ao final de uma das celebrações da nossa comunidade, uma mulher me parou na porta da igreja e me disse: "Victor, que saudade da época em que você pregava 'só o Evangelho'. Nas últimas pregações, você ficou falando de assuntos que não precisam ser falados, como racismo, homofobia, injustiça social... Começou a tocar em temas que não mencionava antes e eu acho que você precisa voltar ao Evangelho".

---

2. ENOLA Holmes. Direção: Harry Bradbeer. EUA/Reino Unido: Netflix, 2020 (123 min).

Eu ouvi aquela mulher pacientemente, agradeci o conselho e disse que pensaria no assunto. No entanto, para continuar a conversa, perguntei como ela estava, ao que me respondeu: "Ah, eu estou muito bem. Minha filha tá na Itália com o marido dela, ele arrumou um emprego lá. Eu tô muito feliz batendo as metas da minha empresa...". A partir daí, eu quase não consegui digerir mais nada. Foi então que mudei meu questionamento: "Legal. E tem alguma coisa que está te fazendo sofrer ou te preocupando?". "Hmm", ela começou. "Na verdade, eu coloquei umas lentes de contato novas nos dentes e está doendo um pouco. Acho que está com algum probleminha."

Diante disso, eu fiquei estático olhando para ela e pensei: *Entendi! Entendi por que você não quer que eu toque nesses assuntos: é porque você não precisa. Seu maior problema é que você está sentindo um pequeno incômodo depois de investir uns 40 mil reais nos seus dentes. Pra você, realmente, eu não preciso mesmo falar da fome. Você nem sabe o que é isso.*

Com esse caso, e alguns outros que coleciono em minha trajetória, percebi que o discurso de "você tem que pregar só o Evangelho" é típico de quem não sente a dor do mundo em que pisa e não percebe que o Evangelho é a resposta para ele também. Afinal, é muito mais fácil viver com o *status* "esperando a volta de Jesus para ir ao céu" do que se responsabilizar em antecipar o Reino de Deus aqui e agora. Mas esse é o papel da Igreja!

Não estamos neste mundo como quem está em uma colônia de férias esperando uma carona do pai para voltar para casa. Estamos neste mundo como colaboradores da criação que Deus colocou sob o nosso cuidado. Somos a consciência e vontade atuante de Cristo na Terra e nosso papel, como seus seguidores, é fazer o que Ele está fazendo: redimindo todas as coisas.

Para Jon Sobrino, "o papel da igreja é descer da cruz os crucificados do nosso tempo",[3] ou seja, a igreja precisa estar engajada com o concreto da vida, a realidade da vida e promover o Reino de Deus a partir das cruzes que os poderes deste mundo seguem erguendo para se manterem no poder.

---

3. OLIVEIRA, Ana Márcia Santana de. *O rosto humano de Deus nas vítimas*: ética, mística e profecia na teologia de Jon Sobrino. Tese de Doutorado. Disponível em: https://www.maxwell.vrac.puc-rio.br/colecao.php?strSecao=resultado&nrSeq=17431@1. Acesso em: 23 jun. 2023.

Cremos em um Evangelho que não é apenas uma realidade "espiritual", interessado apenas em para onde nós vamos depois que morrermos. Trata-se de algo infinitamente superior e integral: o Evangelho todo para a humanidade toda, que responde sim às suas questões mais espirituais e místicas, mas também é a resposta e provisão para as angústias da sua alma e para as dores da sua condição física e humana.

Na história do próprio Jesus, o nosso Senhor, vemos claramente que Sua vida não abordou temas "extraterrestres". Ele se preocupou com todas as questões sociais da sua época com muita intensidade.

Eu sei que muitas vezes tendemos a pensar em Jesus apenas como um homem bonzinho e inofensivo, mas como bem escreveu Timothy Keller em suas redes sociais: "Jesus não foi apenas um cara legal que fez bem no mundo. Você não crucifica caras legais: você crucifica ameaças". Afinal, em um mundo hierárquico cujos governantes são o ego, a ganância e o eu, quando alguém aparece para falar do nós, do perdão e da igualdade é, de fato, ameaçador para todo o sistema.

Jesus foi condenado em duas instâncias: pela religião, por blasfêmia; mas também politicamente, por "conspirar contra a soberania de César", o imperador da época. De certa forma, duas pessoas se responsabilizam por essa condenação: Caifás, o representante da religião, e Herodes, o representante do Estado. Eram líderes dos dois poderes que dominavam o mundo naqueles dias (situação não tão diferente do que vemos hoje em dia).

Em João 11:47-53, logo após Jesus ter ressuscitado Lázaro, quando os fariseus ficaram sabendo da notícia, há o registro do início de uma conspiração nascendo:

> Então os chefes dos sacerdotes e os fariseus convocaram uma reunião do Sinédrio. "O que estamos fazendo?", perguntaram eles. "Aí está esse homem realizando muitos sinais miraculosos. *Se o deixarmos, todos crerão nele, e então os romanos virão e tirarão tanto o nosso lugar como a nossa nação.*" Então um deles, chamado Caifás, que naquele ano era o sumo sacerdote, tomou a palavra e disse: "Nada sabeis! Não percebeis que vos é melhor que morra um homem pelo povo, e que não pereça toda a nação". Ele não disse isso de si mesmo, mas, sendo o sumo sacerdote naquele ano, profetizou que Jesus

> morreria pela nação judaica, e não somente por aquela nação, mas também pelos filhos de Deus que estão espalhados, para reuni-los num povo. E daquele dia em diante, resolveram tirar-lhe a vida. (grifos do autor)

O templo de Jerusalém era um dos lugares mais ricos da época, porque lá se comprava o perdão de Deus. Então, como consequência, vivia cheio de pessoas com medo, que pagavam o preço para serem perdoadas, temendo ir para o inferno, transformando-se assim em um grande império econômico.

De repente, porém, chegou Jesus dizendo: "[...] Desejo misericórdia, não sacrifícios [...]" (Mateus 9:13). E afirmando: "Quando vocês perdoam uns aos outros, vocês são perdoados pelo Pai de vocês" (Mateus 6:14). Agora, imagine: um homem cujo discurso impedirá as pessoas de permanecerem numa vida miserável, comprando perdão no templo, certamente não agradará quem se beneficia de uma situação dessas. E foi o que aconteceu com Jesus, por isso planejaram matá-lo.

Se mergulharmos de forma mais intensa no contexto da época, compreenderemos que a religião podia condenar alguém, mas não mandar matar. Então,

Jesus foi denunciado pela religião, mas levado até a cruz e morto pela política do Império Romano.

De acordo com o autor Reza Aslan: "Jesus não era um mero pacifista que pregava a palavra de Deus, mas um líder revolucionário que desafiou o Estado".[4] Afinal, Ele foi crucificado, e essa era uma forma de execução que os romanos adotavam para intimidar os rebeldes nas províncias.

Então, na história, Jesus foi condenado religiosamente e morto politicamente. Contudo, depois de três dias, como sabemos, Ele ressuscitou, e em Atos há relatos de que passou a se reunir uma comunidade de cristãos, seguidores e seguidoras da sua mensagem.

No entanto, quando essa comunidade começou a aparecer no mundo, Roma ainda era o Império dominante que comandava Israel, e os cristãos cresceram marginalizados e perseguidos, pois a mensagem deles era: "Jesus é o nosso Rei, não César".[5]

---

4. ASLAN, Reza. *Zelota*: a vida e a época de Jesus de Nazaré. São Paulo: Zahar, 2013.

5. HORSLEY, Richard A. *Jesus e o império*: o reino de Deus e a nova desordem mundial. São Paulo: Paulus, 2014.

Da ressurreição de Jesus até o século III, portanto, a Igreja está sendo perseguida e morta. Prova disso é que, dos discípulos que andaram com Jesus, o único que não foi morto politicamente por Roma foi João. Os demais todos foram brutalmente assassinados.

Mesmo diante de tudo isso, porém, os cristãos continuaram crescendo e se espalhando, enquanto Roma passou a fraquejar e a perder poder e influência. Até que, em determinado momento, uma grande reviravolta aconteceu: Constantino, o então imperador romano, se converteu.

É fato que existem diversas controvérsias sobre isso, e ninguém pode afirmar ao certo se foi uma conversão verdadeira, uma pseudoconversão ou uma jogada estratégica política. Durante todo esse tempo, contudo, a Igreja esperava a volta de Jesus, que prometeu que estabeleceria paz e justiça. Então, imagine comigo o seguinte cenário: uma igreja perseguida, marginalizada e que vive com medo de morrer, de repente, se depara com o imperador, o homem mais poderoso da época, declarando ser também um seguidor de Jesus. O que ela, então, pensa? *Pronto, Jesus voltou em Constantino!*

Inclusive Lactâncio, amigo e profeta de Constantino, afirmava que Constantino era o décimo terceiro apóstolo. Ou seja, esse Império que matou Jesus e Seus seguidores por três longos séculos tornou-se crente, imprimindo o cristianismo como parte do seu governo.

A pergunta que fica diante disso é: como harmonizar os trezentos anos desse Império assassino de cristãos com a nova cena do Império crente? Simples: despolitizando por completo a figura de Jesus e fazendo-o se tornar uma folha em branco, a qual poderiam usar ao seu favor. Apagar a história foi o caminho. Eles, então, estamparam a imagem da cruz em suas espadas, declarando que Jesus estava do lado deles!

Veja que irônico: o mesmo governo que matou Jesus com suas armas agora usava o símbolo da sua morte em suas novas armas, validando inúmeras violências em seu nome. Literalmente, matando em nome de um Deus que morreu. De novo: matando em nome de um Deus que morreu.

Essa é uma das consequências de olhar para Jesus apenas como um "ser espiritual", esvaziando-o de Seu contexto histórico e de Sua política de não violência, de dar a outra face, de amar o inimigo, de cuidar dos órfãos e das viúvas, de andar a segunda milha, e de fazer o sol nascer sobre bons e maus. Quando retiramos de Jesus as características de Sua história humana, podemos moldá-lo ao nosso bel-prazer e construir com base nEle todos os ídolos que já citamos aqui.

Em sua obra *Jesus e o império*, Richard A. Horsley afirma que "o Jesus que é condescendente com o Império é um Jesus que foi reduzido a uma mera figura religiosa". Triste constatar que no evangelicalismo brasileiro é assim que aprendemos a enxergá-Lo e apresentá-Lo a outras pessoas. E, como o referido autor também afirma, um dos maiores motivos para termos feito isso é o pressuposto ocidental moderno que recebemos culturalmente de que a religião está separada da política e da economia. Trata-se da grande e famosa divisão entre Igreja e Estado, os quais, no senso comum popular, não se misturam.

Outro grande motivo para esse fenômeno é o mal do individualismo, que nos faz pensar em Jesus como uma figura individual e independente das relações sociais em que estava envolvido. No entanto, continua Horsley:

> Ninguém se comunica com frases isoladas, é preciso de um contexto. Querer compreender as palavras e ações de Jesus sem saber como o imperialismo romano determinava as condições de vida da Galileia e de Jerusalém em seus dias é como tentar compreender Martin Luther King sem saber como a escravatura e a segregação determinaram a vida dos afro-americanos nos Estados Unidos.

Por isso, precisamos devolver Jesus ao Seu contexto. Jesus é Deus, sim; mas também é homem. E, como homem, tem uma história, uma origem, uma política.

Quando falamos em política no Brasil hoje, a primeira coisa que nos vem à mente é a polarização gigantesca entre direita e esquerda, porém não é nem de longe desse tipo de política que estou falando. O significado mais essencial da palavra "política" é, conforme o dicionário Houaiss,[6] "arte ou ciência de governar", e Jesus tem a sua: a prática política e social dEle é o Reino de Deus, que é o Seu jeito de viver e de fazer sociedade.

---

6. POLÍTICA. *In*: *Dicionário Houaiss*. Rio de Janeiro: Objetiva, 2001. Disponível em: https://houaiss.uol.com.br/corporativo/apps/uol_www/v6-1/html/index.php#1. Acesso em: 24 jan. 2023.

O homem Jesus de Nazaré, que nasceu numa manjedoura, andava de jumentinho, comia com pecadores, tocava nos leprosos, abraçava as mulheres, incluía os rejeitados, tem a Sua arte de governar que é servir, a qual não tem nada a ver com um partido, mas com uma humanidade sem muros, unida em amor: "Pois ele é a nossa paz, o qual de ambos fez um e destruiu a barreira, o muro de inimizade" (Efésios 2:14).

O Jesus esvaziado do Seu contexto humano é individual; o Jesus do Evangelho é comunitário. Ao olhar para Jesus como uma mera figura mística, você O toma como um amuleto pessoal ou um salvador privado, mas a verdade é que Ele não quer salvar você, mas, sim, a tudo e a todos!

Esse conceito de salvação individual é totalmente moderno e deturpado, porque o individualismo é um atributo nosso, não de Cristo. O Filho de Deus está trazendo redenção sobre toda carne e levando todo o cosmos de volta para casa.

Em nossa experiência egoísta de fé, aprendemos que tudo é sobre nós, mas quando nos deparamos com o Deus do Evangelho percebemos que, para Ele, o "eu" Lhe é estranho e o "meu" não entra em Seu vocabulário.

O Jesus esvaziado do Seu contexto humano é individual; o Jesus do Evangelho é comunitário. Ao olhar para Jesus como uma mera figura mística, você O toma como um amuleto pessoal ou um salvador privado, mas a verdade é que Ele não quer salvar você, mas, sim, a tudo e a todos!

O homem de Nazaré, que pisou no nosso chão e sentiu a nossa dor, ora "Pai nosso", e não "meu Pai". Ele ora "nos perdoe", e não "me perdoe". Ele não pede "me dê o pão da minha casa para que não falte nada a mim e aos meus", mas declara que o pão é nosso. O Jesus não esvaziado da Sua política e contexto é o Jesus da comunidade, não da individualidade. O Jesus do Reino de Deus é um Jesus plural, que cabe em todas as faces e revela um Deus que não é solidão, mas comunhão.

O Jesus reduzido a uma figura religiosa e espiritual é platônico e, de fato, não se preocupa com o que está acontecendo neste mundo; afinal, Ele só deseja que você vá para o céu, então não importa muito o que acontece aqui. Para Ele, basta que você permaneça na sua bolha evangélica de privilégios e continue fingindo que o lado de fora não existe. Então, coma o que quiser, gaste o seu dinheiro como bem entender, não cuide da água, das árvores, do planeta... Apenas explore e desfrute.

Que grande engano pensar assim! Muitos de nós acreditamos nessa ideia por muito tempo, sem nos darmos conta de que essa filosofia em nada se encaixa com a verdade do Deus que criou todas as coisas e pediu para que cultivássemos e guardássemos.

Recebemos a responsabilidade de cuidar da terra da qual fomos criados, não de explorá-la cruelmente para os nossos interesses. Recebemos, por intermédio do caráter de Deus, a virtude da generosidade e da livre partilha, não o aval para enchermos nossos bolsos estocando nossa provisão apenas para nós mesmos.

A verdade é que esse Jesus que criamos em nossa história, que não se importa com as questões que tocam o nosso mundo, pode até ter o que dizer aos fantasmas, mas não acrescenta muito a quem tem carne, fome, sede e frio.

Falar do Evangelho desconsiderando a nossa condição humana não é falar do Evangelho do Deus que se fez carne e habitou entre nós. Como afirmou Donald B. Kraybill: "De fato, qualquer evangelho sem os pés no chão não é o Evangelho. O amor de Deus pelo mundo produziu ação social. [...] Na encarnação, Deus tem hábitos sociais. O espiritual se tornou social".[7]

O Jesus do Evangelho, da política e da forma de governar do Reino de Deus, em contrapartida, está

7. KRAYBILL, Donald B. *O reino de ponta cabeça*. São Paulo: Jesus-Copy, 2017.

engajado na vida aqui e agora, porque Seu desejo nunca foi descartar este mundo, mas redimi-lo. Assim, para Ele, nada passa despercebido.

Veja o exemplo da multiplicação dos pães e peixes: "Depois que todos receberam o suficiente para comer, disse aos seus discípulos: 'Ajuntem os pedaços que sobraram. Que nada seja desperdiçado'" (João 6:12). Jesus se preocupa até mesmo com a comida que sobra, porque para Ele tudo importa. Esse é o Deus que se fez carne no homem de Nazaré.

Deus criou esse mundo e viu que ele era bom, e está engajado em restaurá-lo à sua forma original e perfeita – obra da qual precisamos ser cooperadores. Deus não está interessado em construir um grande templo, mas em estabelecer o seu Reino sobre tudo e todos, abraçando e acolhendo todas as suas necessidades.

Então, quando alguém me diz: "Pregue só o Evangelho", eu pergunto: *Tá bom, mas o que é Evangelho pra você? Dizer que Deus nos ama?* Porque apenas afirmar que Deus nos ama e não se importar com alguém morrendo de frio durante o inverno árduo de julho em São Paulo, para João, o Batista, é a maior das hipocrisias; para Tiago, revela uma fé que é morta. Para Paulo, é como sino que ressoa ou o prato que retine; para Jesus, é como uma árvore que não produz frutos e, assim, não se pode conhecê-la.

Por isso, precisamos resgatar a essência da imagem do Jesus humano, o Jesus de Nazaré, aquele que tinha práticas sociais, lutava contra a desigualdade, denunciava a injustiça, abraçava os oprimidos, dava pão a quem tinha fome e alívio aos que estavam sobrecarregados pelo jugo que os obrigavam a carregar. Porque, de fato, se a nossa fé acaba dentro das quatro paredes das nossas igrejas, ela é morta.

Nas palavras de Martin Luther King Jr.:

> Qualquer religião que professe uma preocupação com as almas dos homens, mas não esteja igualmente preocupada com as favelas a que eles estão condenados é uma religião espiritualmente moribunda. Uma religião que termina no indivíduo é uma religião que termina.[8]

---

8. KING JR., Martin Luther. *A dádiva do amor*. São Paulo: Planeta, 2021.

Que possamos nos arrepender da nossa alienação e nos tornar conscientes de que a vida eterna não é um espetáculo que nos espera após a morte, mas um presente a ser usufruído aqui, enquanto antecipamos a vida em abundância do Reino de Deus em todos os lugares pelos quais passarmos, trazendo esperança, acolhimento e dignidade para todos.

Pois, como bem disse Jesus, filho da história, judeu, falando para judeus, oprimido por Roma: "Bem-aventurados os que têm fome e sede de justiça, pois serão satisfeitos" (Mateus 5:6).

E ai de nós, ricos em nossas bolhas de ignorância, que não conseguimos sentir as dores que assolam o mundo e clamam por boas-novas, apenas porque não recaem sobre o nosso teto.

IV

“Quem vocês
dizem que eu sou?”

Se você perguntar para a maioria dos cristãos por que Deus se fez carne e veio ao mundo, eles responderão: "Para morrer por nós". No entanto, quando reduzimos o propósito de Jesus apenas à Sua morte, sem perceber, desvalorizamos completamente Sua vida.

Afirmar que Jesus veio apenas para morrer por nós é o mesmo que dizer que precisávamos somente de Seus últimos quatro dias de vida (entre Sua crucificação e ressurreição) – ou seja, só nos importaria Sua morte pelo nosso pecado.

Percebe como essa mentalidade diminui todo o impacto da vida de Deus encarnado em Cristo Jesus aqui na nossa história? Limitar Jesus a morrer pelo nosso pecado é perder de vista a importância de tudo que Ele viveu.

No próprio Credo Apostólico, um dos documentos mais importantes da Igreja cristã, está escrito:

> Creio em Deus Pai Todo-Poderoso, Criador do céu e da terra. Creio em Jesus Cristo, seu único Filho, nosso Senhor, o qual foi concebido por obra do Espírito Santo; nasceu da virgem Maria; padeceu sob o poder de Pôncio Pilatos, foi crucificado, morto e sepultado; ressurgiu dos mortos ao terceiro dia; subiu ao Céu; está sentado à direita de Deus Pai Todo-poderoso [...].[1]

Sensacional, mas observe: muito se fala do nascimento de Jesus e de Sua morte, mas e de Sua vida? Há uma lacuna gigantesca na história, porque todo mundo crê que Ele nasceu e morreu, mas ninguém fala sobre o que fez em vida.

---

1. O CREDO Apostólico. Monergismo. Disponível em: http://www.monergismo.com/textos/credos/credoapostolico.htm. Acesso em: 28 mar. 2023.

Toda tentativa de tirar Jesus das implicações econômicas, políticas e sociais de sua época é um atentado contra a encarnação. É uma nova forma de docetismo que nega o fato de Jesus ter assumido verdadeiramente a história humana. Segundo os evangelhos, Deus não quer que o Filho morra para satisfazê-lo, mas quer que Ele não se evada magicamente da condição humana, mas que seja coerente e que assuma a conflitividade de sua história até o fim, como consequência de sua opção pelos pobres, oprimidos, marginalizados e excluídos de seu tempo.[2]

Desvincular a morte de Jesus das suas motivações humanas e causas históricas é favorecer uma má compreensão do sentido dessa morte, como se fosse um simples destino trágico ou determinismo que isentam todos de qualquer responsabilidade frente ao crime cometido.[3]

E esse não deveria ser o questionamento mais profundo da nossa alma? Não deveríamos ter o anseio de saber o seguinte: "Quando Deus encarnou

2. GALLARDO, Carlos Bravo. *Jesus, homem em conflito*: O relato de Marcos na América Latina. São Paulo: Paulinas, 1997.

3. FERRARO, Benedito. *Cristologia*: iniciação à Teologia. Petrópolis: Vozes, 2021.

no mundo, qual vida Ele viveu?". Para entendermos melhor, vamos voltar um pouco na história.

Na tradição de Israel, existiam duas grandes escolas: a dos sacerdotes e a dos profetas, as quais representavam dois possíveis caminhos que um homem poderia seguir naquele tempo.

O caminho dos sacerdotes era responsável pelo templo, pela cerimônia, pelos sacrifícios... ou seja, pela organização de toda a religião de Israel situada no templo em Jerusalém. Já os profetas, por sua vez, não se preocupavam com o templo em si ou com o funcionamento dos rituais, mas eram da ordem da ética e se interessavam pelas práticas do povo.[4]

Em uma linguagem mais atual, poderíamos afirmar que para os sacerdotes era importante o que acontecia aos domingos dentro do templo, enquanto os profetas dedicavam a vida a demonstrar como os homens deveriam viver suas segundas-feiras nas ruas de Jerusalém.

---

4. PROFETAS Ep. 10 | O Evangelho do Reino. O Evangelho do Reino: uma teologia da missão. Ed René Kivitz. Disponível em: https://www.youtube.com/watch?v=PPbkqXO6yNg. Acesso em: 28 mar. 2023.

Infelizmente, no Brasil evangélico de 2022, quando se ouve a palavra "profeta", o que a gente pensa é naquela figura que revela a sua vida, seu CPF e até diz com quem você vai se casar. Isso, porém, é fruto do evangelicalismo moderno, filho de Constantino, não de Jesus.

Na maioria dos relatos dos profetas hebreus, estes perguntam a Israel: "É sério que vocês acham que Deus está recebendo essas mãos erguidas no templo enquanto o coração de vocês está sujo de opressão e maus-tratos aos estrangeiros?" (Isaías 29:13).

Foi um profeta quem disse o seguinte:

> Não é partilhar sua comida com o faminto, abrigar o pobre desamparado, vestir o nu que você encontrou, e não recusar ajuda ao próximo? Aí sim, a sua luz irromperá como a alvorada, e prontamente surgirá a sua cura; a sua retidão irá adiante de você, e a glória do Senhor estará na sua retaguarda (Isaías 58:7-8).

Foi um profeta quem declarou:

> Assim diz o Senhor: Administrem a justiça e o direito: livrem o explorado das mãos do opressor.

> Não oprimam nem maltratem o estrangeiro, o órfão ou a viúva; nem derramem sangue inocente neste lugar (Jeremias 22:3).

Perceba: os profetas não estavam preocupados em manter a religião e seus rituais funcionando, mas em libertar o povo da escravidão e promover justiça. O papel do profetismo bíblico era denunciar a injustiça e trazer a paz. Isso é um profeta bíblico. Essa é a tradição de Jesus. E é nisso que Ele está engajado!

Talvez esse Jesus reduzido à mera figura religiosa que vimos no capítulo anterior se encaixe na visão dos sacerdotes, cujos olhos estão voltados apenas para as paredes do templo e os atos considerados sagrados dotados de misticismo. O Jesus do Reino de Deus, porém, sem sombra de dúvidas, é da ordem dos profetas.

Da mesma forma que os profetas denunciavam as práticas erradas para apresentar uma forma diferente de viver, Jesus também inaugura em si uma nova vida para a qual somos chamados. Assim como os profetas diziam que não adianta jejuar a Deus sem cuidar dos órfãos, Jesus proclama que não há como amar a Deus sem amar ao próximo, pois amar a Deus e amar ao próximo é uma experiência só.

Por intermédio de Sua vida,
Jesus nos revela que Deus não se
sente amado através de sacrifícios,
mas, sim, no amor mútuo do
"uns aos outros". Isso é uma vida
profética do Reino de Deus.

Jesus não estabelece um novo ritual a ser seguido dentro de um templo religioso, mas uma política de como viver e cultivar relações em qualquer lugar: amar a Deus e amar ao próximo. Quando olhamos para o sermão da montanha, em Mateus 5, por exemplo, nos deparamos com uma mensagem totalmente ética, a qual demonstra princípios práticos que configuram um jeito de ser.

Por intermédio de Sua vida, Ele nos revela que Deus não se sente amado através de sacrifícios, mas, sim, no amor mútuo do "uns aos outros". Isso é uma vida profética do Reino de Deus.

Em certo momento de Sua jornada terrena, as Escrituras relatam que Jesus perguntou aos Seus discípulos: "Quem as multidões dizem que eu sou?" (cf. Lucas 9:18). E estes responderam: "Dizem que você é um profeta" (cf. Lucas 9:19). Do mesmo modo, penso que todos nós um dia precisamos nos questionar: "Quem nós dizemos que Jesus é?". Nossa resposta demonstra como vivemos.

Quem vê Jesus como herói quase sempre quer salvar o mundo com Ele. Quem nunca ouviu (ou disse) aquela frase: "Deus, salva o Brasil/o mundo através de mim!"? Essa é a típica síndrome de herói: achar que a salvação vem de um ato heroico e triunfal.

Já aquele que entende Jesus como um mero objeto de culto pensa que a sua devoção é o que lhe dá aquilo de que precisa. O slogan desse tipo de fé é o famoso: "Cuide das coisas de Deus, porque, enquanto você cuida das coisas dEle, Ele cuida das suas".

Essa experiência é muito perigosa, porque dela nasce o amor narcísico e egoísta que nos faz pensar que somos mimados especialmente por Deus conforme O adoramos. De acordo com essa mentalidade, quanto mais O adoramos, mais unção Ele nos entrega; quanto mais O adoramos, mais coisas Ele nos dá... Resumindo: quanto mais O adoramos, mais privilegiados somos.

Esses são apenas alguns exemplos de óticas que podemos ter a respeito de Jesus, e eu confesso que já tive as duas. Já vi Jesus como um herói e já O vi como um objeto do meu culto. Nessa época, enquanto eu O adorava com toda a minha devoção (que mais me afastava das pessoas do que me unia a elas) e considerava que minha oração estava em dia, esperava que Ele iria me recompensar e satisfazer os mínimos desejos do meu coração.

Aos meus 20 anos, eu já tinha ganhado muito dinheiro, e achava que era porque Jesus se agradava de mim e me dava, não porque eu era privilegiado de ter uma construção social que me beneficiava e me permitia ter. Nesse mesmo período, enquanto muitos amigos da minha idade não tinham nem uma bicicleta, eu ganhei o carro dos meus sonhos – e, é claro, na minha cabeça iludida, foi Jesus que me deu (quase colei o adesivo com essa frase [risos]); não foi porque eu andava perto de pessoas ricas que tinham condições de comprar um presente desses.

Muitos não enxergam nenhum problema nessa lógica e acreditam de fato que Jesus os está mimando, mas, ainda que não seja por maldade, basta sair um pouco da nossa bolha e perceber que, enquanto dizemos que Jesus nos deu o carro que queríamos, há quem esteja ao nosso lado apenas almejando ter dinheiro para pagar a passagem do ônibus.

Nunca me esqueço de quando minha irmã precisava pagar a faculdade. Não era muita coisa, eu tinha aquele dinheiro sobrando e não me faria falta. No entanto, em vez de ajudá-la, eu lhe disse que orasse e Deus honraria sua fé (assim como, na minha cabeça, Ele havia honrado a minha).

Essa lógica é muito presente na nossa mente. Esses dias mesmo, uma pessoa me disse em uma conversa: "Mas, Victor, tudo que tenho é fruto de minha luta e conquista". E eu respondi: "Tudo bem, eu concordo. Não é que você não tenha trabalhado, não é que você não tenha merecido. Mas o que você precisa entender é que tem gente que trabalhou mais do que você, acordou mais cedo que você, e não tem o que você tem, porque a vida não é matemática".

Há quem já tenha lido mais do que eu, que fale melhor do que eu, que pregue melhor do que eu e conheça muito mais do que eu, mas que nunca tenha tido a oportunidade de fazer o que eu faço e de receber o reconhecimento que eu tive. Aí eu vou dizer: "Orei". E o cara vai dizer: "Eu também". Eu vou afirmar "Eu li", ao que ele vai responder "Eu também". No final, pela lógica religiosa, só me restaria concluir: "Então, deve ter algum pecado escondido em você!". Você percebe como essa conta não fecha?

Eu me lembro de outra experiência que contei várias vezes nas minhas pregações e que vou compartilhar com você aqui. Certo dia, eu estava com vontade de comer estrogonofe. Ao chegar ao lugar em que ia almoçar, adivinha o que tinha?

Estrogonofe. *Nossa, Deus me ama tanto que fez estrogonofe pra mim*, pensei. De fato, parece algo bonitinho, mas a verdade é que, enquanto alguns acreditam que Deus está preocupado em satisfazer seus caprichos gastronômicos, neste exato momento, na guerra da Ucrânia, há quem apenas deseje proporcionar uma refeição a seus filhos.

Não podemos viver como os judeus que acreditavam que eram o povo exclusivo de Deus e que o Criador era deles. Você precisa saber que é de Deus, mas Este não é só seu e de quem pensa e vive como você!

O fato de estar morando no Brasil em 2023 já é um privilégio que nem todos têm. É muito perigoso enxergarmos Jesus como esse objeto de culto, como uma espécie de gênio da lâmpada "ativado" por intermédio da nossa devoção. Por isso, precisamos constantemente nos perguntar como O vemos e o quanto disso é verdadeiro.

Alguns anos atrás, em uma viagem aos Estados Unidos – e em meio a tudo aquilo que chamariam de bênçãos de Deus –, eu tive a minha primeira crise de fé. Lembro que eu estava muito triste e angustiado na minha alma, mas não conseguia explicar nem sequer externalizar o que se passava dentro de mim. Afinal, como iria dizer que estava triste naquele lugar, com quem eu estava, vivendo todas as coisas que eu disse que sempre sonhei em viver? Quando tudo parece conspirar ao seu favor, e mesmo assim você se sente insatisfeito, o desespero é muito grande. E foi nesse lugar que eu me encontrei.

Percebi, então, que precisava me perguntar o porquê daquela angústia, e minha resposta tinha de ser muito sincera. A verdade é que penso que todas as pessoas que nasceram na igreja, assim como eu, um dia devem pegar a ideia que têm de Deus e colocá-la face a face com Jesus. E foi o que fiz. Notei, então, que havia um abismo gigantesco entre a imagem do Deus do Evangelho e a aquela que eu tinha criado dEle. Por isso, ouse hoje também perguntar a si mesmo: "Quem eu digo que Ele é?".

Será que esse Deus que você está chamando de Jesus se inclina a quem O adora, mas não se importa com quem não O adora? Ele lhe dá estrogonofe porque você O cultua, mas se esquece do pão da criança com fome que não sabe orar como você? "Eu orei, jejuei muito, me inclinei a Deus e Ele se inclinou a mim."

Tenho um amigo que me disse certa vez: "Esse deus é um *Papai Noel* que está preocupado com o perfume e a bolsa que você quer usar enquanto você dá a Ele o que ele quer". O Deus do Evangelho não é um Pai que tem seus favoritos enquanto os outros choram desamparados: Ele é o Deus que "[...] faz raiar o seu sol sobre maus e bons e derrama chuva sobre justos e injustos" (Mateus 5:45). Ele é o profeta que denuncia as injustiças diante das quais, muitas vezes, escolhemos fechar os nossos olhos. Ele é quem nos ensina que, assim como Ghiovana de Castro escreveu em seu Instagram (@ghiovanadecastro):

> A verdadeira espiritualidade não é vivida de olho fechado, mas de coração aberto para enxergar quem está ao nosso lado.
>
> Ser espiritual é mais sobre estender a mão ao outro do que erguê-las ao céu em "adoração". É mais sobre abrir os olhos para enxergar o próximo do que fechá-los em oração.
>
> Viver a vida do Evangelho é mais sobre como tratamos as pessoas do que como decoramos o nosso sermão. É menos interceder pelo faminto e mais compartilhar o pão.

A espiritualidade não isola, reúne. Não subtrai, multiplica e divide sem hesitação.

No Reino de Deus, ser espiritual não é se omitir e se retirar pra não se "contaminar com o pecado": é mostrar que a Graça tem um poder maior de contaminação.

Viver a espiritualidade não é excluir quem não pensa igual a gente no nosso grupinho fechado: é incluir todo mundo pra sentar na mesa e saborear juntos o banquete da redenção.

Meu desejo é que, quando Jesus nos perguntar: "Quem vocês dizem que eu sou?", seja tudo isso que nos venha à memória – não a imagem de um Jesus que não se mistura com este mundo, ou que se mistura só com alguns, mas a de um Jesus que se fez carne, se fez parte da história e está engajado em redimir a harmonia de Sua Criação.

V

Jesus quer ser seguido

Eu me lembro até hoje da sensação que tive quando me deparei pela primeira vez com a seguinte afirmação: "Jesus nunca pediu para ser adorado, Jesus pediu para ser seguido". Ele não disse: "Aquele que me ama, me adora". Ao contrário: "Aquele que me ama, obedece a mim, segue o meu caminho, faz o que eu faço, ama como eu amo".

Isso foi um grande choque e uma virada de chave na minha vida cristã. Porque, afinal, se Jesus não pediu para ser adorado, mas seguido, a próxima pergunta é: "Para onde Ele está indo e o que está fazendo?".

As Escrituras nos revelam que Jesus, esse Deus que se faz carne, essa mistura de Deus e humano, essa revelação perfeita de quem Deus é e do que o humano deve ser, enquanto vivia, andava por toda a parte fazendo o bem. Curava as pessoas, libertando-as, incluindo-as, trazendo-as de volta à vida. E é nesse caminho que nós somos chamados para segui-Lo.

No texto de João 13:1, encontramos uma das respostas do que Ele fez enquanto esteve aqui: "Um pouco antes da festa da Páscoa, sabendo Jesus que havia chegado o tempo em que deixaria este mundo e iria para o Pai, tendo amado os seus que estavam no mundo, amou-os até o fim".

O que Jesus fez? Ele amou até o fim. Seu caminho é do amor até o fim. E para progredirmos na compreensão disso, neste momento, eu gostaria de desromantizar o amor com você. Quero compartilhar uma experiência que aconteceu comigo esses dias.

Eu estava orando e, de repente, comecei a chorar muito. O que eu dizia naquele momento era: "Jesus, não me deixe achar que ser alguém do amor é ser carismático; de que ser amoroso é só sobre ser gentil e sorridente. Eu não quero ser enganado por esse tipo de amor, eu quero o Seu amor".

Muitas vezes, pessoas já me disseram que sou alguém amoroso apenas por me verem sorrindo ou conversando atenciosamente com elas. No entanto, isso não é amor, mas apenas educação. Não podemos nos deixar enganar: não é sobre esse pseudoamor que Jesus veio nos ensinar. Não é sobre esse amor bonitinho e diplomático que cumprimenta todo mundo com um bom-dia e acha que fez a sua parte. Não! Isso qualquer político querendo se eleger faz. O amor de Jesus, porém, é o que ama até o fim, e até o fim custa tudo.

O amor que Jesus nos demonstra não é romântico, que está sendo elogiado e celebrado, mas é aquele que vai ser, inclusive, crucificado. Uma linda citação, atribuída a Teresa de Ávila, diz o seguinte: "Eu sou do meu amado, onde Ele está, eu quero estar, o que Ele é, eu quero ser: crucificada por amor".

Jesus só fez o que o amor faz, mesmo quando aparentava estar raivoso (por exemplo, ao virar as mesas no templo onde cambistas faziam suas vendas, conforme narrado em Mateus 21:12). Em momentos assim, alguém poderia dizer: "Quem é esse descontrolado? Quanto ódio é esse? Esse cara precisa de terapia!".

A verdade é que essa é apenas a manifestação do amor que não é politicamente correto e delicado, mas que, se for preciso, se movimenta pelo que ama de maneira radical. Parece ódio, mas é amor, pois o que Jesus quer dizer é: "Deus não se vende, mas se dá de graça! Deus não se vende, porque o amor não se vende, e Deus é amor!".

Contudo, diferentemente do que costumamos pensar, o amor não é passivo, e nem sempre é pacífico. O amor também precisa ser uma força de indignação contra a injustiça, o mal, a venda de Deus. Porque aquele que ama vai até o fim para defender o que ama, como Jesus fez.

Precisamos seguir a Jesus, percorrendo Seu caminho fazendo o que Ele fazia. Para isso, porém (e conforme dito antes), devemos transcender a limitação de nos voltarmos apenas para Seu nascimento, Sua morte e ressurreição, compreendendo como Ele viveu a Sua vida como homem.

Nas páginas do Evangelho, Jesus não tinha como prioridade o funcionamento de um templo ou uma religião: Ele estava no mundo, na vida, revolucionando a forma como as pessoas enxergavam a Deus, o mundo criado, o próximo e a si mesmas. Jesus não se deteve a pregações teológicas místicas ou filosofias eruditas, mas apresentou às pessoas princípios extremamente práticos que transformariam a mente delas, seus comportamentos e, como consequência, a sociedade e o sistema em que estavam inseridas – que, como já sabemos, foi uma grande ameaça para aquele tempo.

De acordo com Donald B. Kraybill: "Ficamos maravilhados com a morte expiatória de Jesus, mas esquecemos de que ela aconteceu porque Ele demonstrou uma nova forma de viver".[1] Jesus não foi morto porque era bonzinho, mas por ser uma revolução: virava o poder da religião e da política de cabeça para baixo; era uma ameaça apenas pelo fato de amar, mas amando ativamente.

O "amar até o fim" é uma ameaça para um sistema cheio de escadas e relações hierárquicas; é ameaçador para um sistema de segregação, favoritismo, privilégios. Aquele que decide amar até o fim, até a última consequência, ainda que a

---

1. KRAYBILL, Donald B. Op. cit.

última consequência seja a cruz, ameaça o *status quo*, põe em xeque o que antes ninguém questionava, constrói sobre a areia, comprova que tudo aquilo que é inferior a essa realidade não subsiste ao confronto.

O amor que ama até o fim não é o que sorri e acena, dizendo que ama da boca para fora, mas aquele que não tampa os olhos para a injustiça à sua volta, ainda que tenha que virar algumas mesas do templo.

Jesus não morre simplesmente como um ato heroico de amor romântico à la Romeu e Julieta. Ele morre porque diz: "Religião, sabe essas pessoas que você considera impuras ou menos dignas (as prostitutas, os leprosos, os doentes, os que não praticavam a cerimônia da Lei, e aí por diante)? Entrarão no Reino dos Céus antes que você!".

A grande verdade é que a gente mataria Jesus se Ele nascesse hoje, porque mudaram as figuras, mas a dinâmica religiosa permanece a mesma. Consideramos impuros e menos dignos atualmente a mulher, o gay, o preto, o pobre... E quão chocados nós ficaríamos se ouvíssemos o próprio Deus dizendo que esses a quem discriminamos e excluímos das nossas comunidades estão à frente de nós na experiência do Reino?

Sei que costumamos pensar em Jesus como alguém que nos aceita do jeito que somos o tempo todo, e de fato Seu amor nunca nos rejeita. No entanto, Jesus não é passivo diante do que está em nós que não se parece com Ele. Jesus é quem constantemente abre os nossos olhos para aquilo que queremos fingir não ver, ameaçando o que chamamos de conservadorismo das coisas, porque muitas vezes o que a gente quer conservar é pecado.

Penso que, se Jesus viesse hoje, Ele diria: "Vocês estão pecando no não amor, porque vocês até amam, mas não amam as pessoas até o fim. O amor de vocês tem um limite: o que não prejudica o ritual religioso, a entrada dos dízimos, a reputação da congregação... Mas a verdade é que é só quando tudo isso morre que se levanta o verdadeiro Reino de Deus. Afinal, se não tem cruz, não tem ressurreição".

Nas palavras de João: "Aquele que ama permanece em Deus, aquele que não ama está morto". Não é o amor da gentileza, do romance, mas o amor que age, que se entrega, que se põe no lugar do outro. É o amor que é verbo, e que se encarnou em Jesus: é o amor em ação. Meu desejo é que tenhamos essa postura de amar como força de justiça, como entrega absoluta, como o único caminho para a vida eterna.

Jesus não é passivo diante do que está em nós que não se parece com Ele. Jesus é quem constantemente abre os nossos olhos para aquilo que queremos fingir não ver, ameaçando o que chamamos de conservadorismo das coisas, porque muitas vezes o que a gente quer conservar é pecado.

VI

Seguindo os que seguem a Jesus

Dentro da tradicional vida cristã que conhecemos, somos constantemente incentivados a viver "no secreto com Deus". Em nossas igrejas, muito se fala a respeito de ter uma experiência pessoal com Jesus, e entenda: eu não estou desprezando isso de forma alguma! Cultivar um relacionamento pessoal é prática inegociável para aqueles que querem viver como Ele. No entanto, ao passo que esse tema é muito abordado, pouco se apresenta a outra parte da caminhada cristã, a vida em comunidade, o que tem gerado em diversos corações uma espiritualidade individualizada e independente que nunca foi o propósito de Deus para nós.

Isso porque fomos feitos para viver em comunhão, somos membros de um mesmo corpo. E, quando temos uma experiência com Jesus, automaticamente somos inseridos em Sua comunidade, com a qual podemos aprender juntos a seguir o Seu caminho, suportando uns aos outros, edificando uns aos outros, amando uns aos outros. Afinal, se o Deus em que cremos é amor, não há como seguirmos a Sua verdade sem ter com quem praticá-la.

Quando alguém decide seguir a Jesus em verdade, vai descobrir que a jornada proposta não é de solidão, porque em volta de Jesus sempre há uma comunidade. Quando olhamos para os Evangelhos, vemos que Jesus sempre andou acompanhado, e onde Ele estava multidões se reuniam. Por isso, dizer sim para o caminho de Jesus implica também dizer sim para uma vida em comunidade. Isso é muito bonito.

Os seres humanos não conseguem crescer e amadurecer sozinhos. Se deixarmos um bebê recém-nascido sozinho em uma sala, por exemplo, ele não vai sobreviver. Nós, seres humanos, precisamos uns dos outros. Precisar do outro é condição humana! É como diz aquela frase bonita: "Gente precisa de gente pra ser gente".

A verdade é que nascemos sem saber nada e tudo o que aprendemos na vida teve como base a imitação daqueles à nossa volta. Nós aprendemos a falar porque imitamos o som dos nossos pais ou responsáveis falando; aprendemos a andar porque observamos alguém colocando um pé à frente do outro ao caminhar.

A própria filosofia vai nos dizer que "A arte de se tornar humano é a capacidade de imitação e prática que nós temos".[1] E é muito bonito pensarmos nisso quando percebemos que uma das imagens mais utilizadas no Novo Testamento para falar da nossa caminhada de fé é o novo nascimento (João 3). Ter uma experiência com Jesus, dizendo sim a Seu caminho, é como nascer de novo. E tal qual um bebê espiritual, quando nós nascemos para Jesus, precisamos de referências para que nos ensinem como ser pessoas do Evangelho. Isso porque, enquanto a gente imita e pratica, a gente cresce, a gente se humaniza.

---

1. SMITH, James K. A. *Você é aquilo que ama*: o poder espiritual do hábito. São Paulo: Edições Vida Nova, 2017.

É por isso que, quando nascemos para esse caminho, juntamente à vida de Deus, a primeira coisa que recebemos dEle é uma família. Nós ganhamos irmãos e irmãs que o estão seguindo por mais tempo. Para mim, essa é uma das coisas mais belas da nossa fé, a qual nos faz pensar o seguinte: *Assim como eu preciso de Jesus, tão verdade é que eu também preciso de você.*

Essa é uma espiritualidade sem precedentes, porque rompe as barreiras do individualismo para nos dizer que precisamos de Deus à mesma proporção que necessitamos uns dos outros para nos achegarmos a Ele e nos tornarmos como Ele. Assim, podemos afirmar que seguir a Jesus também é seguir outras pessoas que O estão seguindo.

É isso que o apóstolo Paulo vai dizer, por exemplo, em 1 Coríntios 11:1: "Tornem-se meus imitadores, como eu o sou de Cristo!". O que eu penso é que entre o Victor e o Cristo, entre o Victor de hoje e o Victor à perfeita estatura de Jesus, entre o que eu sou agora e aquilo que me tornarei um dia, existe uma tradição de muitos irmãos e irmãs que não fazem mediação ou separação entre mim e Jesus, mas que – pelo contrário – me aproximam dEle.

A sensação que eu tenho muitas vezes é de que existem momentos da nossa vida em que perdemos Jesus de vista. Pode ser em razão de uma dor muito profunda, uma decepção, um trauma, uma crise... Alguma coisa acontece e nos faz tirar os olhos dEle, como quem está seguindo uma pessoa no meio de uma multidão e de repente, por um lapso de distração, não sabe se ela virou à esquerda ou à direita. E o que eu penso? *Ok, estou em um lugar da minha vida em que não consigo encontrar Jesus, mas onde é que está João, o discípulo amado? Porque eu sei que, se eu encontrar João, pertinho dele estará Jesus!*

Muitas vezes, na nossa caminhada, perdemos Jesus em meio à multidão de pensamentos, sentimentos, dúvidas e questionamentos. E não conseguimos alcançá-lo como quem O toca. Nós nos encontramos com a experiência de Jesus ao nos encontrarmos com pessoas que estão no caminho dEle!

É aquele dia em que, ao sairmos de casa chateados, encontramos um(a) seguidor(a) de Jesus, sendo o suficiente para que retornemos ao lar diferentes. Uma pessoa pode nos perguntar: "O que aconteceu? Você saiu com um semblante e voltou com outro. Foi se encontrar com Deus? Encontrou com Jesus no meio do caminho?". "Não e sim", seria a nossa resposta. "Não encontrei Jesus fisicamente, mas me encontrei com alguém que me lembra dEle, porque está no Seu caminho."

Quando nos deparamos com alguém que está andando com Jesus, é como se tivéssemos um vislumbre da própria face dEle. Por isso, necessariamente, andar com Jesus é andar com pessoas. Não há como imitar a Jesus de maneira direta, porque tudo que temos sobre Ele é um texto escrito milhares de anos atrás. O que imitamos, portanto, são indivíduos que imitaram outras pessoas, as quais imitaram outras, que imitaram a Ele. Somos uma continuidade. Somos um segmento. O segmento de Jesus.

Eu sinto que, quando conto a minha história de trajetória espiritual e fé, as maiores transformações da minha vida, que estruturam muito do que eu sou até hoje, aconteceram quando conheci pessoas. E não estou falando apenas das experiências que edificam a mente, mas das que nos formam, nos desconstroem e reconstroem, fazendo-nos perceber que não somos mais os mesmos.

Todas as vezes que vivi algo assim, eu havia encontrado alguém no caminho de Jesus. E a grande verdade é que, tanto por intermédio de um livro que lemos, uma mensagem que ouvimos, como por uma conversa que tivemos, somos formados pelos encontros que temos com as pessoas que também estão indo para onde queremos ir.

O caminho de Jesus me salva do egoísmo e da ilusão de achar que o mundo gira em torno de mim. O caminho de Jesus me salva de acreditar que é possível viver uma espiritualidade que seja individual. Que a salvação é individual, que a minha fé é individual, que o Pai é meu, que o pão é meu e o resto tanto faz! Não. O caminho de Jesus conta para nós que não há resto e revela que nós e o outro somos um só. Um caminho de Jesus é um caminho de comunidade, porque Deus se fez humano, e não existe nada mais humano do que precisar do outro para aprender a ser humano.

Algumas páginas atrás, citei o Credo Apostólico. Se há uma declaração de fé do Credo da qual não podemos abrir mão se quisermos seguir a Jesus é: "Creio na comunhão dos santos".[2] E crer

2. O CREDO Apostólico. Op. cit.

na comunhão dos santos é entender que, quando estamos em Jesus, estamos no corpo de Jesus.

O autor de Hebreus (12:1) escreveu que há uma nuvem de testemunhas que nos assistem. E quem é essa nuvem de testemunhas? A comunhão dos santos, isto é, todos aqueles que vieram antes de nós, e todos os que estão seguindo o caminho junto conosco. Todos nós, que estamos no caminho de Jesus, estamos interligados e diante uns dos outros o tempo todo.

Da mesma forma que o objetivo de um bebê é se tornar adulto, o propósito daquele que nasce de novo no caminho de Jesus é se tornar como Ele, e é isso que aprendemos seguindo os que O seguem.

Entre nós e Cristo existe toda a cristandade de irmãos e irmãs que, enquanto O imitavam, nos fizeram possível conhecê-Lo para que, como Seus imitadores e membros da Sua família, também possamos deixar a sua mensagem e o seu DNA aos que virão depois de nós.

Que possamos viver uma vida digna de ser imitada. Uma vida que, imitando os que imitam a

Jesus, reflitamos a vida do Deus que se fez carne e habitou entre nós. O Deus que amou até o fim. O Deus que nos chama para amar como Ele amou.

E, por isso mesmo, não vou me esquecer do momento em que conheci Ed René Kivitz.

Expulso dos grupos e coletivos de que participava, achando que eu ficaria sozinho do lado "de fora" de uma teologia majoritária, recebi uma ligação.

Na época, muitos pastores estavam me ligando para tentar me "consertar"; eles diziam que eu estava perdido em minhas crenças e que precisava de conserto.

Pensei que o Ed seria mais um desses pastores.

Graças a Deus que não! E não mesmo!

Ed me ligou, me acolheu, me ouviu e me chamou pra perto.

Ainda me lembro da primeira conversa que tivemos em uma padaria, na esquina da casa dele.

Sentamos, pedimos um café e ele me disse: "Você não está sozinho, e você não está tendo uma crise de fé em relação a Deus, mas em relação às crenças que te ensinaram sobre Ele, e eu já passei por isso....", e continuou me contando sua experiência e me fazendo sentir, pela primeira vez, que eu realmente não estava mais sozinho.

Nessa mesma conversa, lembro de ouvir dele as seguintes palavras: "Às vezes durmo mal por sentir que sou rico. No Brasil em que vivemos, onde muitos não têm o básico pra viver dignamente, eu sou muito rico". Me emocionei. Nunca tinha escutado alguém, muito menos um pastor, dizendo isso. Foi como se eu olhasse pra ele dizendo aquilo e pensasse: vou seguir isso, porque seguir isso é seguir a Jesus.

Pra mim, que cresci num contexto em que os pastores incentivam o acúmulo e a prosperidade privada, porque eles mesmos estão deitados no dinheiro, aquilo era novo e revolucionário. E, nesse sentido, seguir o Ed foi seguir a Jesus. Não quero fazer as pazes com o fato de morar num país tão pobre, tão desigual, tão injusto e diferente da realidade do que o Reino de Deus nos propõe. Percebi que, no fim, mesmo Ed não sendo um dos pastores que queriam me consertar, o Espírito de Deus, através dele, me consertou. Mas de uma forma completamente diferente.

Ed me apresentou os livros mais importantes que ele leu em seus trinta e cinco anos de ministério, e fez com que eu me adiantasse, de certa forma, em anos de intelectualidade, experiência e sabedoria. Só de estar perto e seguir alguém que está seguindo a Jesus.

Nesse sentido, seguir a Jesus é também seguir pessoas que estão o seguindo.

E a verdade é que eu certamente poderia escrever um livro inteiro apenas sobre isso, mas, por agora, me atenho a dizer que sou grato por, em meio a um Brasil evangélico cheio de gente que vive pra si, ter conhecido Ed René Kivitz, que, ao caminhar ao meu lado, me fez entender na prática que viver com Jesus é viver com o outro. Finalmente, em amor… fui consertado.

Palavras finais

Em Mateus 5:14-16, no sermão do monte, Jesus disse:

> Vocês são a luz do mundo. Não se pode esconder uma cidade construída sobre um monte. E, também, ninguém acende uma candeia e a coloca debaixo de uma vasilha. Pelo contrário, coloca-a no lugar apropriado, e assim ilumina a todos os que estão na casa. Assim brilhe a luz de vocês diante dos homens, para que vejam as suas boas obras e glorifiquem ao Pai de vocês, que está nos céus.

No contexto em que Jesus vivia, quando o Império de Roma chegava a uma terra como Israel, procuravam a montanha mais alta para construir a casa do imperador, porque assim deixavam claro que de lá se iluminava a cidade e a todos; local de onde emanava a cultura que resplandecia nos homens.[1]

O que Jesus está dizendo nas entrelinhas do texto citado no início deste capítulo é: "Roma acha que é a luz do mundo, mas não é; o Império Romano acha que carrega a paz, mas não carrega". Isso porque, quando Roma chegava a um território, eles afirmavam que a paz vinha com eles. A verdade, porém, é que o Império Romano exterminava todos aqueles que não concordavam com sua chegada para, então, "estabelecer a paz".[2]

Isso, contudo, não é paz. E é contra toda a ideia que Jesus declara: não é de lá que sai a luz, não é de lá que sai a paz, não é de lá que sai a cultura deste mundo, porque o Reino de Deus chegou, e vocês,

---

1. KIVITZ, Ed René. *Talmidim*: o passo a passo de Jesus. São Paulo: Mundo Cristão, 2012.

2. Ibidem.

os bem-aventurados, é que promovem tudo isso onde estão inseridos.[3]

Precisamos nos lembrar de que Jesus é o Messias prometido aos profetas. O texto do profeta Isaías, no capítulo 2, versículos 2-3, diz o seguinte:

> Nos últimos dias o monte do templo do Senhor será estabelecido como o principal; será elevado acima das colinas, e todas as nações correrão para ele. Virão muitos povos e dirão: "Venham, subamos ao monte do Senhor, ao templo do Deus de Jacó, para que ele nos ensine os seus caminhos, e assim andemos em suas veredas". Pois, a lei sairá de Sião, de Jerusalém virá a palavra do Senhor.

Ou seja, naquele dia, quando o Messias chegasse, o templo do Senhor seria colocado no alto monte, e todos os povos olhariam para essa cidade e diriam: "Subamos lá, e vamos aprender a viver com eles, porque eles vivem de um jeito que a gente nunca viu em lugar nenhum! Têm uma cultura naquela montanha que a gente nunca experimentou,

3. Ibidem.

então subamos e aprendamos a vida! Subamos e aprendamos a viver!".

Tratava-se de uma profecia de Isaías sobre o dia em que o Messias chegaria. E então o Messias chegou! Jesus veio ao mundo, e em Mateus 5:14, Ele disse: "Vocês são a luz do mundo. Não se pode esconder uma cidade construída sobre um monte". A profecia de Isaías de uma cidade elevada, iluminada com vida, paz, justiça e um novo jeito de viver, se cumpriria!

A cidade que Deus está construindo não faz parte de uma geografia, não tem endereço no mapa, nem etnia, cor, classe, gênero, religião. Trata-se de um lugar para todo aquele que acolhe o Reino de Deus e Sua bem-aventurança.

E isso é muito bonito, porque toda cidade tem a sua política, a sua forma de relação, a sua maneira de tratar a economia, o seu próprio jeito de governar.

Vemos o seguinte em Mateus 20:25-28:

> Jesus os chamou e disse: "Vocês sabem que os governantes das nações as dominam, e as pessoas

> importantes exercem poder sobre elas. *Não será assim entre vocês*. Pelo contrário, quem quiser tornar-se importante entre vocês deverá ser servo, e quem quiser ser o primeiro deverá ser escravo; como o Filho do homem, que não veio para ser servido, mas para servir e dar a sua vida em resgate por muitos" (grifos do autor).

Ao se referir a esses governantes e poderosos que oprimem as pessoas, Jesus está falando sobre os impérios construídos com base em Roma, que, na verdade, são originados em Caim e Abel. Isso porque é quando Caim mata Abel que aparece a primeira civilização. Então, o que ouço Jesus dizer é: "Vocês sabem que essas cidades que nasceram de Caim, da violência, da opressão, exercem poder um sobre o outro, né? Vocês sabem que eles têm relações hierárquicas, né? Vocês sabem que eles oprimem os mais fracos e favorecem os mais fortes, né? Pois bem: *não será assim entre vocês. Ao contrário!*".

É quase como se Jesus dissesse: "Olhem para como o sistema deste mundo opera e façam o contrário que vai dar certo. Se eles ensinam a acumular, distribuam; se eles ensinam a separar, ajuntem; se eles ensinam que vocês são apenas um consumidor, humanizem. Porque no mundo onde o que governa é o poder, muitos são oprimidos em nome dele, mas não será assim entre vocês!".

Eu sei que, quando falamos de Igreja, muitas coisas vêm à nossa mente: corpo de Cristo, família de Deus, e assim por diante. No entanto, quando penso no que anseio tanto para a nossa comunidade local quanto para toda a Igreja de Jesus espalhada pelo mundo, meu desejo se resume a ser uma cidade dentro da cidade.

Meu sonho é que possamos ser essa cidade edificada sobre o monte, que tem uma pólis, uma cultura, um jeito de construir relações, de tratar uns aos outros, de cuidar do dinheiro, de viver a vida. Que sejamos essa cidade para a qual todos possam olhar e dizer: "Olha como eles vivem, vamos aprender a viver com eles!".

A reunião da Igreja é uma forma de sociedade totalmente diferente do sistema do mundo. É na Igreja de Jesus que todo mundo se senta na mesma cadeira independentemente de classe, cor ou gênero. É na Igreja que tem gente de toda tribo, raça e nação. É na Igreja que nós devemos ter esse vislumbre que diz para nós ser possível uma sociedade sem muros. É na reunião das pessoas que seguem a Jesus que uma política da não violência aparece. É na Igreja de Jesus que conseguimos contemplar o perdão viabilizando novos futuros e novas possibilidades. É na Igreja de Jesus que se abençoa o inimigo e se ora por quem o persegue.

Li uma afirmação de Martin Luther King Jr. em que ele diz que a reunião da Igreja é a consciência crítica do Estado; é quando a Igreja de Jesus se reúne que o Estado olha e diz: "A gente está com os dias contados, pois isso aí vai sobreviver e não temos condições de prevalecer. O poder tem data de validade, mas o amor, não".

É a igreja de Jesus reunida em volta do amor que anuncia a eternidade, o fim das relações hierárquicas e de opressão e a edificação de uma cidade construída sobre o monte que promove paz, justiça e graça para todos.

Sei que vivemos dias difíceis, em um sistema que segrega e favorece, em uma religião que fecha os olhos para a injustiça e em meio a relações fraturadas por toda essa realidade que as cerca, mas a minha mais real esperança e meu anseio são que possamos, dia após dia, colocar um novo tijolo na construção dessa cidade.

Que possamos resgatar a imagem da perfeita e plena humanidade de Deus revelada em Jesus e Sua forma de viver, para que assim também possamos aprender a ser seres humanos melhores.

Esse é o meu desejo para mim e para você.

Em nome de Jesus.

Amém.

Que possamos resgatar a imagem
da perfeita e plena humanidade
de Deus revelada em Jesus e Sua
forma de viver, para que assim
também possamos aprender a ser
seres humanos melhores.

Referências bibliográficas

ASLAN, Reza. *Zelota*: a vida e a época de Jesus de Nazaré. São Paulo: Zahar, 2013.

BARTH, Karl. *A revelação de Deus*. São Paulo: Mundo Cristão, 2011.

BOFF, Leonardo. *Humano assim como Jesus só Deus mesmo*. Disponível em: https://leonardoboff.org/2017/12/22/humano-assim-como-jesus-so-deus-mesmo/. Acesso em: 28 mar. 2023.

BOFF, Leonardo. *Natal: os Herodes de ontem, de hoje e a Divina Criança*. Disponível em: https://leonardoboff.org/2021/12/20/natal-os-herodes-de-ontem-de-hoje-e-a-divina-crianca/. Acesso em: 28 mar. 2023.

CALVINO. *A instituição da religião cristã*, Tomo 1: Livros I e II. São Paulo: Editora Unesp, 2009.

CASTILLO, José M. *A humanidade de Jesus*. Petrópolis: Vozes, 2017.

ENOLA Holmes. Direção: Harry Bradbeer. EUA/Reino Unido: Netflix, 2020 (123 min).

FERRARO, Benedito. *Cristologia*: iniciação à Teologia. Petrópolis: Vozes, 2021.

GALLARDO, Carlos Bravo. *Jesus, homem em conflito*: O relato de Marcos na América Latina. São Paulo: Paulinas, 1997.

HORSLEY, Richard A. *Jesus e o império*: o reino de Deus e a nova desordem mundial. São Paulo: Paulus, 2014.

KING JR., Martin Luther. *A dádiva do amor*. São Paulo: Planeta, 2021.

KIVITZ, Ed René. *Talmidim*: o passo a passo de Jesus. São Paulo: Mundo Cristão, 2012.

KRAYBILL, Donald B. *O reino de ponta cabeça*. São Paulo: JesusCopy, 2017.

KUSHNER, Harold. *Quando tudo não é o bastante*. Barueri: Nobel, 1999.

O CREDO Apostólico. Monergismo. Disponível em: http://www.monergismo.com/textos/credos/credoapostolico.htm. Acesso em: 28 mar. 2023.

OLIVEIRA, Ana Márcia Santana de. *O rosto humano de Deus nas vítimas*: ética, mística e profecia na teologia de Jon Sobrino. Tese de Doutorado. Disponível em: https://www.maxwell.vrac.puc-rio.br/colecao.php?strSecao=resultado&nrSeq=17431@1. Acesso em: 23 jun. 2023.

PASCAL, Blaise. *Pensamentos*. São Paulo: Montecristo Editora, 2021.

PLATÃO. *A república*. Rio de Janeiro: Nova Fronteira, 2018.

POLÍTICA. *In*: *Dicionário Houaiss*. Rio de Janeiro: Objetiva, 2001. Disponível em: https://houaiss.uol.com.br/corporativo/apps/uol_www/v6-1/html/index.php#1. Acesso em: 24 jan. 2023.

PROFETAS Ep. 10 | O Evangelho do Reino. O Evangelho do Reino: uma teologia da missão. Ed René Kivitz. Disponível em: https://www.youtube.com/watch?v=PPbkqXO6yNg. Acesso em: 28 mar. 2023.

SMITH, James K. A. *Você é aquilo que ama*: o poder espiritual do hábito. São Paulo: Edições Vida Nova, 2017.

ZAHND, Brian. *Of God and Genocide*. Disponível em: https://brianzahnd.com/2021/01/of-god-and-genocide/. Acesso em: 23 jun. 2023.